# Confissões de um Publicitário

# David
# Ogilvy
## Confissões de um Publicitário

Tradução de Luiz Augusto Cama

1ª edição

best.business
RIO DE JANEIRO – 2024

CIP-BRASIL. CATALOGAÇÃO NA PUBLICAÇÃO
SINDICATO NACIONAL DOS EDITORES DE LIVROS, RJ

O28c    Ogilvy, David
        Confissões de um publicitário / David Ogilvy ; tradução Luiz Augusto Cama. – 1 ed. – Rio de Janeiro : BestBusiness, 2024.

        Tradução de: Confessions of an advertising man
        ISBN 978-65-5670-048-9

        1. Ogilvy, David, 1911-1999. 2. Publicitários – Estados Unidos – Biografia. 3. Agências de propaganda – Estados Unidos – História. I. Cama, Luiz Augusto. II. Título.

24-92872
CDD: 926.591
CDU: 929:791(73)

Gabriela Faray Ferreira Lopes - Bibliotecária - CRB-7/6643

Título em inglês:
*Confessions of an Advertising Man*

Copyright © David Ogilvy, 1963, 1987

Capa: Raul Fernandes com ilustração de Pedro Figueiredo

Este livro pode conter termos, expressões, conceitos e estereótipos que refletem a época em que foi originalmente publicado e não são endossados pela editora.

Todos os direitos reservados. Proibida a reprodução, armazenamento ou transmissão de partes deste livro, através de quaisquer meios, sem prévia autorização por escrito.

Texto revisado segundo o Acordo Ortográfico da Língua Portuguesa de 1990.

Direitos exclusivos de publicação em língua portuguesa somente para o Brasil adquiridos pela
Best Business, um selo da Editora Best Seller Ltda.
Rua Argentina, 171 – Rio de Janeiro, RJ – 20921-380 – Tel.: (21) 2585-2000, que se reserva a propriedade literária desta tradução.

Impresso no Brasil

ISBN 978-65-5670-048-9

Seja um leitor preferencial Record.
Cadastre-se no site www.record.com.br
e receba informações sobre nossos
lançamentos e nossas promoções.
Atendimento e venda direta ao leitor:
sac@record.com.br

# Sumário

A história deste livro 7

Os antecedentes 23

I – *Como administrar uma agência de publicidade* 27

II – *Como conquistar clientes* 53

III – *Como manter clientes* 97

IV – *Como ser um bom cliente* 119

V – *Como fazer grandes campanhas* 141

VI – *Como escrever anúncios poderosos* 163

VII – *Como ilustrar anúncios e cartazes* 179

VIII – *Como fazer bons comerciais de televisão* 199

IX – *Como fazer boas campanhas para produtos alimentícios, destinos turísticos e remédios* 207

X  –  *Como atingir o topo na carreira*
*(conselho aos jovens)*                 217

XI  –  *A publicidade deveria ser abolida?*      229

# A história deste livro

Catorze anos antes de escrever estas *Confissões*, fui para Nova York e abri uma agência de publicidade. Os estadunidenses acharam que eu era louco. O que um escocês entenderia de publicidade?

Minha agência foi um sucesso imediato e meteórico.

Escrevi este livro durante minhas férias de verão em 1962 e doei os direitos autorais para meu filho como presente pelo seu aniversário de 21 anos. Eu achava que o livro iria vender 4 mil exemplares. Para minha surpresa, foi um best-seller arrasador, sendo mais tarde traduzido para 14 idiomas. Cerca de um milhão de exemplares foram vendidos até hoje.[1]

---

1 Até 1988, data desta introdução. *[N. do T.]*

*Confissões de um publicitário*

Por que o escrevi? *Primeiro*, para atrair novos clientes para minha agência de publicidade. *Segundo*, para condicionar o mercado a uma oferta pública de ações da nossa empresa. *Terceiro*, para me tornar mais conhecido no mundo dos negócios. O livro atingiu os três objetivos.

Se eu o estivesse escrevendo hoje, ele seria menos inconfidente, menos presunçoso e menos didático.

Você perceberá que ele está cheio de *regras* — faça isso, faça aquilo, não faça mais aquilo. Gente de publicidade, em particular os jovens, é alérgica a regras. Hoje eu não diria: "Nunca ponha um texto em negativo no seu anúncio." Diria: "A pesquisa demonstra que, quando você põe um texto em negativo, ninguém irá lê-lo." Uma fórmula mais diplomática em nossa sociedade permissiva.

Meus colegas da Ogilvy & Mather seguiram meus preceitos e venderam um monte de produtos de um monte de fabricantes, com o resultado de que nossa agência é hoje sessenta vezes maior do que era quando escrevi este livro. Em vez de um escritório e 19 clientes, temos agora 3 mil clientes e 267 escritórios, sendo 44 nos Estados Unidos.

Recebo cartas de desconhecidos que me agradecem pelo impressionante desenvolvimento de suas vendas quando seguem os conselhos contidos neste livro. E encontro pessoas importantes do mundo do marketing que dizem dever sua carreira à leitura das minhas *Confissões* quando estavam começando.

# A história deste livro

Peço perdão por me referir às pessoas que trabalham em publicidade como *homens*. Por favor, lembre-se de que escrevi este livro há 25 anos, quando a maioria das pessoas que trabalhava nesta profissão era homem. Hoje a imensa maioria é *mulher*. Deus seja louvado!

Se você perceber um leve cheiro de arrogância, quero que saiba que se trata de uma arrogância seletiva. Sou miseravelmente medíocre em tudo, *exceto* em publicidade. Não consigo ler um balanço, trabalhar em um computador, esquiar, velejar, jogar golfe ou pintar. Mas, quando se trata de publicidade, a *Advertising Age* diz que sou "o Rei criativo da publicidade". Quando a *Fortune* publicou um artigo a meu respeito intitulado "David Ogilvy é um gênio?", pedi a meu advogado que a processasse por causa do ponto de interrogação.

Não muito mais tarde, me tornei um vulcão extinto e me refugiei na "administração". Mas me aborreci com o tumulto da Madison Avenue e fui viver no interior da França, onde pratico jardinagem — e bombardeio os meus colegas com memorandos intrometidos.

De modo geral, meus preceitos — a maioria deles baseada em pesquisa — são tão válidos hoje como eram em 1962. Mas *Confissões* tem três afirmações que precisam ser corrigidas:

> Na *página 193,* escrevi que "quando o seu anúncio
> precisa conter um cupom e você quer o máximo de

*Confissões de um publicitário*

retorno, ponha-o no alto da página, em destaque, no centro do alvo". Hoje em dia, isso já não é válido. Ponha seu cupom no *canto inferior direito*.

Na *página 200*, escrevi que "não existe correlação entre as pessoas *gostarem* dos comerciais e *que eles as convençam a comprar*". Pesquisa recente do Ogilvy Center for Research and Development revelou que, quando as pessoas gostam de um comercial, ele vende mais do que os comerciais de que elas não gostam.

Na *página 200*, eu advertia o leitor a se restringir a noventa palavras por minuto em um comercial de televisão. Sabe-se agora que, na média, duzentas palavras por minuto vendem mais produtos. Os vendedores nas feiras livres sabem disso, por isso falam tão depressa.

O Capítulo VIII, sobre comerciais de televisão, se tornou inadequado. Eu só posso alegar que, em 1962, pouco se sabia sobre o que funcionava e o que não funcionava em televisão. Você encontrará uma pesquisa mais recente em meu livro *A publicidade segundo Ogilvy*.[2]

---

2  Publicado no Brasil em 1984.

# A história deste livro

*Confissões* nada fala sobre a cultura corporativa, principalmente sobre a cultura corporativa das agências de publicidade. Em 1962, eu — nem ninguém, para ser sincero — nunca tinha ouvido nada a respeito de cultura corporativa. Graças a dois estudiosos de administração, Terrence Deal e Allen Kennedy, sabemos hoje que "as pessoas que construíram as companhias pelas quais os Estados Unidos são famosos trabalharam obsessivamente para *criar fortes culturas dentro de suas organizações*. As companhias que cultivaram sua identidade individual definindo valores, criando heróis, divulgando ritos e rituais e propagando sua cultura têm uma vantagem".

Hoje, o conceito de cultura corporativa foi adotado em grande escala não apenas nos Estados Unidos, mas também na Inglaterra. Frances Cairncross, do *The Economist*, escreveu: "A característica comum do sucesso é a criação deliberada de uma cultura corporativa."

O líder de uma das maiores agências me disse pouco tempo atrás: "A Ogilvy & Mather é a única agência no mundo com uma verdadeira cultura corporativa." Talvez seja isso, mais do que qualquer outra coisa, o que nos diferencia dos nossos concorrentes. Eis como vejo a nossa cultura:

> Parte do nosso pessoal passa toda a sua vida ativa na agência. Por isso, fazemos de tudo para torná-la um lugar agradável para trabalhar. Isso é uma prioridade.

Tratamos nosso pessoal como seres humanos. Nós os ajudamos quando têm problemas — no trabalho, de saúde, com o alcoolismo, e assim por diante.

Nós os ajudamos a extrair o melhor dos seus talentos, investindo muito tempo e dinheiro no treinamento — como se fôssemos um hospital-escola.

Nosso sistema de administração é democrático. Não gostamos de burocracia hierárquica ou de ordens rígidas e robotizantes.

Damos aos nossos executivos um grau excepcional de liberdade e independência.

Gostamos de pessoas gentis. Nosso escritório de Nova York dá um prêmio anual para "profissionalismo combinado com *civilidade*".

Gostamos de pessoas honestas nos seus argumentos, honestas com os clientes e, acima de tudo, honestas com os consumidores.

Admiramos quem trabalha duro, que é objetivo e direto.

Detestamos politiqueiros de escritório, bajuladores, arrogantes e ignorantes metidos. Odiamos grosseria.

Qualquer um na nossa empresa pode ser promovido.

Não temos preconceitos — religioso, racial ou de gênero.

A história deste livro

Detestamos o nepotismo ou qualquer outra forma de favoritismo. Ao promover pessoas a cargos superiores, somos mais influenciados pelo *caráter* do que por qualquer outro fator.

Fazemos recomendações aos clientes como se fôssemos os donos de suas empresas, sem levar em consideração o nosso próprio interesse.

O que a maioria dos clientes quer de uma agência são boas campanhas publicitárias. A função criativa está no topo das nossas prioridades.

A linha divisória entre o orgulho do nosso trabalho e a obstinação neurótica é muito sutil. Não usurpamos dos clientes o direito de decidir qual a publicidade será publicada. Afinal, o dinheiro é deles.

Muitos de nossos clientes nos contratam em diversos países. Para eles, é importante saber que podem contar com os mesmos padrões de comportamento em todos os nossos escritórios. Por isso, fazemos questão de que a nossa cultura seja a mesma no mundo inteiro. Tentamos vender os produtos sem ofender os *mores* dos países onde fazemos negócios.

Damos importância à *discrição*. Clientes não gostam de agências que deixam segredos escapar . Também não gostam quando uma agência toma para si o crédito pelo sucesso *deles*. Interpor-se entre o cliente e as luzes da ribalta é falta de educação.

*Confissões de um publicitário*

Temos um furioso hábito de "descontentamento divino" com a nossa *performance*. É um antídoto para a arrogância.

Nossa extensa empresa se mantém unida por uma rede de amizades pessoais. Todos pertencemos ao mesmo clube.

Gostamos de relatórios e correspondência bem-escritos, fáceis de ler e curtos. Somos contra o jargão pseudoacadêmico, como "atitudinal", "paradigmas", "desmassificação", "reconceptualizar", "subótimo", "ligação simbiótica", "splinterização", "dimensionalização". (Lorde Rutherford costumava dizer ao seu pessoal, no Laboratório Cavendish, que, se eles não pudessem explicar a sua ciência para uma garçonete, ela seria má ciência.)

Por meio da repetição fanática, alguns dos meus *obiter dicta* ficaram gravados em nossa cultura. Aqui estão alguns deles:

(1) "Nós vendemos — ou então..."

(2) "Você não pode *aborrecer* as pessoas para comprar seu produto; você só pode *deixá-las* interessadas a comprá-lo."

(3) "Preferimos a disciplina do conhecimento à anarquia da ignorância. Perseguimos o conhecimento

# A história deste livro

da mesma forma que um porco procura trufas. Um porco cego pode eventualmente encontrar trufas, mas ajuda saber que elas crescem em florestas de carvalhos."

(4) "Empregamos cavalheiros com cérebros."

(5) "A consumidora não é uma idiota. Ela é a sua mulher. Não insulte a inteligência dela."

(6) "A menos que a campanha contenha uma Grande Ideia, ela passará como um navio dentro da noite." (Duvido que mais de uma campanha em cada cem contenha uma grande ideia. Sou considerado um dos mais férteis quando grandes ideias são o assunto, mas em minha longa carreira não tive mais de vinte delas.)

(7) "Somente negócios de Primeira Classe, e num estilo de Primeira Classe."

(8) "Nunca publique um anúncio que você não gostaria que a sua família visse."

(9) "Pesquise em todos os parques da sua cidade. Você não encontrará nenhum monumento a comitês."

Este livro nada diz sobre a publicidade de "resposta direta", aquele tipo que convida o leitor a encomendar o produto por correio, diretamente do fabricante. As pessoas que escrevem esse tipo de anúncio sabem com precisão quantos produtos vendem, ao passo que as que escrevem anúncios "comuns" e comerciais de televisão raramente o sabem, se é que sabem; muitos outros fatores estão envolvidos no *marketing mix*, como os descontos de preço da concorrência e o encolhimento dos estoques do varejo.

O curioso é que as técnicas que funcionam melhor nos anúncios *direct* são pouco usadas na publicidade comum — por exemplo, dar informações factuais sobre o produto.

Se todos os anunciantes seguissem o exemplo de seus confrades da resposta direta, *venderiam* mais. Todo redator deveria começar sua carreira ficando dois anos em resposta direta. Um rápido olhar em qualquer anúncio me revela se o redator teve essa experiência.

## QUATRO PROBLEMAS

Hoje em dia, o mundo da publicidade enfrenta quatro problemas com dimensões críticas.

O *primeiro* é que os fabricantes de produtos de largo consumo, que sempre foram o fundamento da publicidade, estão gastando duas vezes mais em acordos de descontos do que em publicidade. Eles estão obtendo volume por meio do desconto de preços, em vez de usar a publicidade para construir marcas fortes. Qualquer idiota pode decidir um desconto de preço, mas é preciso inteligência e perseverança para criar uma marca.

Havia uma marca popular de café chamada Chase & Sanborn. Aí, os fabricantes começaram a dar descontos de preços. Eles se tornaram *viciados* em descontos. Onde está essa marca hoje em dia? Completamente morta.

Vejam um discurso que fiz em Chicago, em 1955:

> Chegou a hora de *soar um alarme* para alertar os fabricantes do que acontecerá com suas marcas se eles gastarem tanto em acordos de descontos a ponto de não sobrar dinheiro para a publicidade construir suas marcas.
>
> Descontos não constroem uma imagem indestrutível, que é a única coisa que pode tornar a sua marca parte do tecido da vida.

Andrew Ehrenberg, da London Business School, é dono de uma das maiores inteligências do marketing. Ele relata que uma oferta de preço reduzido pode levar as pessoas a experimentarem uma marca, mas elas voltam para as marcas habituais como se nada tivesse acontecido.

*Confissões de um publicitário*

Por que tantos gerentes de produto são viciados em campanhas de descontos? Porque estão interessados apenas nos lucros do próximo trimestre. Por quê? Porque estão mais preocupadas com o bônus de fim de ano do que com o futuro da empresa.

Promoções são como uma droga. Pergunte a um gerente de produto viciado o que aconteceu com a sua participação de mercado depois que o delírio do desconto acabou. Ele mudará de assunto. Pergunte-lhe se o acordo incrementou os *lucros*. Mais uma vez, ele vai mudar de assunto.

Mercadólogos que herdaram marcas estão condenando-as ao esquecimento. Mais cedo ou mais tarde, eles descobrem que é impossível vender marcas das quais ninguém ouviu falar. Marcas são as *sementes* que herdaram, e eles estão comendo essas sementes. Esses simplórios do desconto o também têm o vício de cortar o preço dos serviços da sua agência. Clientes que pechincham sobre a remuneração da agência estão olhando pelo lado errado do telescópio. Em vez de tentar cortar míseros centavos dos 15% das agências, deveriam se concentrar em conseguir melhores resultados de vendas dos 85% que gastam em tempo e em espaço. É lá que está a alavancagem. Nenhum anunciante ficou rico pagando insuficientemente a agência. Pague miséria e você receberá miséria.

O *segundo* problema é que as agências de publicidade, sobretudo na França, na Inglaterra e nos Estados Unidos,

# A história deste livro

estão infestadas de pessoas que veem a publicidade como uma forma de arte *avant-garde*. Elas nunca venderam nada na vida; a ambição é ganhar prêmios no Festival de Cannes. Seduzem infortunados clientes a gastar milhões de dólares por ano para exibir a sua originalidade. Não estão interessadas nos produtos que anunciam e presumem que o consumidor também não está; então, elas quase nada dizem sobre as próprias virtudes. Na melhor das hipóteses, são meras *entertainers*, e com frequência são medíocres até nisso. Muitas são diretores de arte que, voltados exclusivamente para o visual, nunca leem nada e tornam impossível a leitura do texto para os consumidores. Em um banquete, ouvi um industrial enfurecido se referir a esses idiotas autoindulgentes como *veados afetados*. Devido à minha educação, talvez eu mesmo caísse nessa armadilha se não tivesse passado cinco anos vendendo fogões de cozinha de porta em porta. Uma vez vendedor, sempre vendedor.

O *terceiro* problema é o surgimento de megalomaníacos, cuja mentalidade é mais financeira que criativa. Eles estão construindo impérios comprando outras agências, para consternação dos clientes.

O *quarto* problema é que as agências de publicidade ainda desperdiçam o dinheiro dos clientes repetindo os mesmos erros. Pouco tempo atrás, contei 49 anúncios com o texto em negativo (letras brancas em fundo preto) em um exemplar

*Confissões de um publicitário*

de uma revista alemã, muitos anos depois que as pesquisas demonstraram que o negativo é difícil de ler.

Durante uma viagem de trem de dez horas, li os anúncios de três revistas. A maioria deles violava princípios elementares descobertos há muitos anos — e que foram expostos em *Confissões*. Os redatores e diretores de arte que os criaram são amadores ignorantes.

Por que razão eles se negam a estudar a experiência? Será que a publicidade não atrai mentes inquisitivas? Será porque qualquer método científico está fora de compreensão? Temem que o conhecimento irá lhes impor alguma disciplina — ou colocará a nu a sua incompetência?

## MEU ÚLTIMO DESEJO E TESTAMENTO

Comecei minha carreira na pesquisa, com o grande Dr. Gallup, em Princeton. Aí, me tornei redator publicitário. Tanto quanto eu saiba, sou a única "fera criativa" que começou em pesquisa. Em consequência, vejo a função criativa com os olhos objetivos de um pesquisador. Estas são as lições mais valiosas que aprendi:

(1) Criar publicidade bem-sucedida é um artesanato, uma combinação de inspiração, conhecimento

e dedicação. Se você tem um talento razoável e sabe quais as técnicas que funcionam na caixa registradora, irá longe.

(2) A tentação de divertir em vez de vender é contagiante.

(3) A diferença entre um anúncio e outro, quando medida em termos de vendas, pode ser tão grande quanto 19 para 1.

(4) Vale a pena estudar o produto antes de escrever a campanha.

(5) A chave do sucesso é *prometer um benefício ao consumidor* — algo como melhor sabor, lavar melhor, mais quilometragem por litro ou uma aparência melhor.

(6) A função da maior parte da publicidade não é persuadir pessoas a experimentar um produto, mas persuadi-las a usá-lo com mais frequência que as outras marcas que conhecem. (Obrigado, Andrew Ehrenberg.)

(7) O que funciona em um país quase sempre funciona em outros.

(8) Editores de revistas são melhores comunicadores que os publicitários. Copie suas técnicas.

*Confissões de um publicitário*

(9) A maioria das campanhas é muito complicada. Elas refletem uma longa lista de objetivos e tentam conciliar os pontos de vista divergentes de demasiados executivos. Tentando alcançar muitas coisas, nada conseguem. Seus anúncios parecem os relatórios de um comitê.

(10) Não permita que um homem escreva publicidade para produtos comprados por mulheres.

(11) Boas campanhas podem ser publicadas por muitos anos sem perder força de venda. Minha campanha do tapa-olho para as camisas Hathaway foi publicada durante 21 anos; a campanha que desenvolvi para o sabonete Dove vem sendo publicada há mais de trinta anos. E Dove é um *best-seller*.

Uma vez vendedor, sempre vendedor.

DAVID OGILVY, 1988

# Os antecedentes

Quando criança, vivi em Guildford, na casa que foi de Lewis Carroll. Meu pai, que eu adorava, era um escocês das Terras Altas, que falava galês, um estudioso clássico e um agnóstico ferrenho. Um dia, ele descobriu que eu ia à igreja em segredo.

"Meu querido filho, como você pode engolir essa palhaçada? Isso tudo funciona muito bem para criados, mas não para pessoas cultas. *Você não tem que ser um cristão para comportar-se como um cavalheiro!*"

Minha mãe era uma bela e excêntrica irlandesa. Ela me deserdou, pois acreditava que eu parecia capaz de ganhar mais dinheiro do que era conveniente para mim sem o auxílio dela. Não pude discordar.

Aos 9 anos, fui mandado para Dotheboys Hall, uma escola aristocrática em Eastbourne. O diretor escreveu a meu respeito:

*Confissões de um publicitário*

"Ele tem uma mente distinta e original, tende a discutir com seus mestres e a tentar convencê-los de que ele está certo e os livros, errados; mas isso talvez seja uma prova adicional da sua originalidade." Quando sugeri que Napoleão pudesse ter sido holandês, porque seu irmão era o rei da Holanda, a mulher do diretor me mandou para a cama sem jantar. Quando ela estava me preparando para o papel de Abadessa em "A comédia dos erros", ensaiei minha fala de abertura com uma ênfase que a desagradou; em consequência, me agarrou pela bochecha e me derrubou no chão.

Com 13 anos, fui para Fettes, uma escola escocesa, cuja disciplina espartana foi estabelecida pelo meu tio-avô Inglis, o ministro do Supremo Tribunal e o maior advogado escocês de todos os tempos. Meus amigos nessa esplêndida escola incluíam: Ian Macleod, Niall Macpherson, Knox Cunningham e vários outros futuros membros do Parlamento. Lembro-me, como os maiores entre os mestres, de Henry Havergal, que me inspirou a tocar contrabaixo, e de Walter Sellar, que escreveu *1066 and All That*, ao mesmo tempo que me ensinava história.

Fui um fiasco em Oxford. Keith Feiling, o historiador, me deu uma bolsa para Christ Church e recebi também muita atenção de Patrick Gordon-Walker, Roy Harrod, A. S. Russell e outros mestres. Mas eu estava muito preocupado em fazer coisa nenhuma, então acabei sendo expulso vergonhosamente.

## Os antecedentes

Isso foi em 1931, no fundo da depressão. Pelos 17 anos seguintes, enquanto meus amigos se estabeleciam como médicos, advogados, altos funcionários públicos e políticos, eu me aventurava pelo mundo, sem objetivo definido. Fui chef de cozinha em Paris, vendedor de porta em porta, assistente social nos cortiços de Edimburgo, associado do Dr. Gallup em pesquisas para a indústria cinematográfica, assistente de Sir William Stephenson na British Security Co-ordination e fazendeiro na Pensilvânia.

O herói da minha infância foi Lloyd George, e eu aspirava a ser primeiro-ministro quando crescesse. Em lugar disso, acabei me tornando um publicitário na Madison Avenue; o faturamento de meus dezenove clientes é hoje maior que a receita do governo de Sua Majestade.

Max Beerbohm disse, certa vez, a S. N. Behrman: "Se eu ganhasse uma fortuna, lançaria uma grande campanha publicitária em todos os jornais importantes; os anúncios consistiriam apenas de uma frase curta impressa em letras garrafais — uma sentença que certa vez ouvi ser dita por um marido à sua mulher: 'Minha querida, não há nada neste mundo que valha a pena ser comprado.'"

Minha posição é oposta. Quero comprar quase tudo que vejo anunciado. Meu pai dizia que um produto "recebia muitos elogios nos anúncios". Vivo a minha vida elogiando produtos em anúncios; espero que você tenha tanto prazer ao comprá-los como eu tenho em anunciá-los.

*Confissões de um publicitário*

Ao escrever este livro na antiquada forma da primeira pessoa do singular, cometi uma ofensa contra uma convenção das boas maneiras estadunidenses contemporâneas. Mas acho que é artificial escrever *nós*, quando estou confessando os *meus pecados* e descrevendo as *minhas aventuras*.

Ipswich, Massachusetts

DAVID OGILVY

# I

# Como administrar
# uma agência de publicidade

Administrar uma agência de publicidade é como administrar qualquer outra organização criativa — um laboratório de pesquisa, uma revista, um escritório de arquitetura ou uma grande cozinha.

Trinta anos atrás, fui cozinheiro no Hotel Majestic, em Paris. Henri Soulé, do Pavillon, me disse que provavelmente aquela foi a melhor cozinha que já existiu.

Havia 37 chefs. Trabalhávamos como dervixes, 63 horas por semana — não havia sindicato. De manhã até a noite, suávamos, e gritávamos, e blasfemávamos, e cozinhávamos.

*Confissões de um publicitário*

Cada um era inspirado por uma ambição: cozinhar melhor do que qualquer outro chef. Nosso *esprit de corps* seria digno até dos fuzileiros navais.

Sempre acreditei que, caso conseguisse entender como *monsieur* Pitard, o chef principal, inspirava tão inflamado moral, eu poderia aplicar o mesmo tipo de liderança na minha própria empresa.

Para começar, ele era o melhor cozinheiro daquele restaurante e sabíamos disso. Ele era obrigado a passar a maior parte do tempo em sua escrivaninha planejando cardápios, examinando contas e encomendando suprimentos. Mas, uma vez por semana, saía da sala de paredes de vidro no meio da cozinha e efetivamente *cozinhava*. Nós nos aglomerávamos ao redor para assistir, fascinados por seu virtuosismo. Era inspirador trabalhar para um mestre supremo.

(Seguindo o exemplo do chef Pitard, eu mesmo ainda escrevo anúncios às vezes, para lembrar aos meus redatores que minha mão não perdeu a destreza.)

*Monsieur* Pitard dirigia o negócio com mão de ferro e nos apavorava. Lá ficava ele, sentado em sua gaiola de vidro, o *gros bonnet*, o arquissímbolo da autoridade. Sempre que eu cometia um erro, olhava para lá para ver se o seu olho perscrutador havia notado. Cozinheiros, assim como redatores, trabalham sob pressões ferozes e tendem a ser briguentos. Duvido que um chefe mais "desligado" tivesse conseguido evitar que as

Como administrar uma agência de publicidade

nossas rivalidades explodissem em violência. *Monsieur* Bourgignon, nosso *chef saucier*, disse que, por volta dos 40 anos, um cozinheiro morre ou enlouquece. Compreendi o que ele queria dizer na noite em que nosso *chef potagier* atirou 47 ovos crus pela cozinha na minha cabeça, acertando nove deles. Eu sempre "assaltava" as panelas dele em busca de ossos para os cachorrinhos de um cliente importante e a paciência dele havia se esgotado.

Nosso *chef pâtissier* era igualmente excêntrico. Todas as noites, deixava uma galinha escondida sob o seu chapéu Homburg antes de ir embora. Ao sair de férias, me fez enfiar mais de vinte pêssegos nas pernas de suas ceroulas. Quando o rei e a rainha da Inglaterra foram homenageados com um jantar oficial em Versalhes, esse gênio travesso foi escolhido entre todos os *pâtissiers* da França para preparar os cestinhos ornamentais de açúcar e os *petits fours glacés*.

*Monsieur* Pitard raramente elogiava, mas, quando o fazia, nos sentíamos elevados aos céus. Quando o presidente da França compareceu a um banquete no Majestic, a atmosfera na cozinha ficou elétrica. Em uma dessas ocasiões memoráveis, eu estava cobrindo pequenas coxas de rã com um creme branco *chaud-froid*, decorando cada uma com uma folha ornamental de cerefólio. De repente, me dei conta de que *monsieur* Pitard estava parado atrás de mim, observando. Senti meus joelhos vacilarem e minhas mãos começaram a tremer. Ele pegou o lápis que mantinha no chapéu engomado e girou-o no ar — seu sinal para que todos se reunissem. Então, apontou para as coxas de rã e disse, muito devagar e suave: "É assim que se faz." Tornei-me seu escravo pelo resto da vida.

(Hoje em dia, elogio meus funcionários tão raramente quanto Pitard elogiava seus cozinheiros, na esperança de que eles também apreciem isso mais do que um fluxo constante de aplausos.)

*Monsieur* Pitard nos deu um grande senso de oportunidade. Certa vez, preparei um suflê Rothschild (com três licores). Ele me levou até à porta do salão de jantar e pude ver o presidente Paul Doumer comendo-o. Três semanas depois, em 7 de maio de 1932, Doumer morreu.[3]

(Descobri que os funcionários da minha agência extraem uma energia semelhante de ocasiões especiais. Quando algo faz com que trabalhem a noite inteira, o moral fica alto por semanas a fio.)

*Monsieur* Pitard não tolerava a incompetência. Ele sabia que é desmoralizante para profissionais trabalhar lado a lado com amadores incompetentes. Eu o vi demitir três padeiros em um mês pelo mesmo crime: não conseguiram fazer o topo dos brioches crescer por igual. Gladstone teria

---

3 Não por causa do meu suflê, mas pela bala de um russo louco.

aplaudido tamanha crueldade. Ele sustentava que "a primeira qualidade essencial para um primeiro-ministro é ser um bom açougueiro".

*Monsieur* Pitard também me ensinou a importância de altíssimos padrões de serviço. Por exemplo: certa feita me ouviu dizer a um garçom que o *plat du jour* havia terminado — e quase me demitiu por causa disso. "Em uma grande cozinha", disse ele, "devemos sempre honrar o que prometemos no cardápio". Argumentei que o prato em questão ia levar tanto tempo para cozinhar que cliente algum esperaria que uma nova porção fosse preparada. Tratava-se do nosso famoso *coulibiac de saumon*, uma complicada *kedgeree* feita com a medula do esturjão, semolina, fatias de salmão, cogumelos, cebola e arroz, enrolado numa massa de brioche, assado por cinquenta minutos. Ou talvez fosse o ainda mais exótico Karoly Éclairs, recheado com purê de vísceras de galinhola cozidas na champanhe, coberto por um molho *chaud-froid* castanho e encoberto por gelatina de aves selvagens. Faz tanto tempo que não me recordo. Mas lembro perfeitamente o que Pitard respondeu: "Na próxima vez que perceber que vamos ficar sem um *plat du jour*, me avise. Telefonarei para outros restaurantes e hotéis, até encontrar algum que tenha o mesmo prato no cardápio. Aí, mandarei você num táxi para buscar um suprimento. Nunca mais diga a um garçom que estamos sem alguma coisa."

*Confissões de um publicitário*

(Hoje, fico enfurecido se alguém na Ogilvy, Benson & Mather diz a um cliente que não podemos produzir um anúncio ou um comercial para televisão no prazo em que foi prometido. Nos melhores estabelecimentos, promessas são sempre cumpridas, não importa quanto isso custe em sacrifício ou horas extras.)

Pouco depois de ter me juntado à brigada de *monsieur* Pitard, defrontei-me com um problema de moral, para o qual nem meu pai nem meus mestres haviam me preparado. O *chef garde-manger* ordenou que eu levasse para o *chef saucier* alguns pedaços de miúdos de boi que recendiam tal podridão que eu sabia que poriam em perigo a vida de qualquer cliente que os comesse. Protestei com o *chef garde-manger*, mas ele me disse para cumprir a ordem, pois sabia que estaria em maus lençóis se *monsieur* Pitard descobrisse que havia deixado faltar miúdos frescos. O que eu deveria fazer? Fui criado segundo a crença de que a delação é desonrosa. Contudo, foi o que fiz. Levei a carne para *monsieur* Pitard e pedi que ele a cheirasse. Sem me dizer uma palavra, ele marchou até o *chef garde- -manger* e o demitiu. O desgraçado teve de ir embora no ato.

Em *Na pior em Paris e Londres*, George Orwell revelou ao mundo que as cozinhas francesas são sujas. Ele jamais havia trabalhado no Majestic. *Monsieur* Pitard era um tirano que nos fazia manter a cozinha limpa. Duas vezes ao dia eu tinha que raspar o tampo de madeira da mesa de corte de carnes

Como administrar uma agência de publicidade

com uma plaina afiada. Duas vezes por dia, o chão era lavado e serragem limpa era espalhada. Uma vez por semana, um mata-insetos vasculhava a cozinha à procura de baratas. Recebíamos uniformes limpos todas as manhãs.

(Hoje, sou um tirano ao exigir que meu pessoal mantenha seus escritórios impecáveis. Um escritório bagunçado cria uma atmosfera de sujeira e provoca o desaparecimento de documentos confidenciais.)

Nós, cozinheiros, éramos mal pagos, mas *monsieur* Pitard fazia tanto dinheiro com as comissões que os fornecedores lhe pagavam que poderia viver em um castelo. Longe de esconder de nós a sua riqueza, ele vinha trabalhar de táxi, usava uma bengala de castão de ouro e se vestia, quando fora do trabalho, como um banqueiro. Essa exibição de privilégios estimulava nossa ambição de seguir seus passos.

O imortal Auguste Escoffier pensava igual. Quando era *chef de cuisine* do Carlton, em Londres, antes da Primeira Guerra Mundial, chegava aos jogos de futebol em uma carruagem de quatro cavalos, vestindo sobrecasaca cinza e cartola. Entre meus colegas cozinheiros do Majestic, o *Guide culinaire* de Escoffier era ainda a autoridade definitiva, a Suprema Corte em todas as nossas discussões sobre receitas. Pouco antes de morrer, ele foi almoçar em nossa cozinha; foi como Brahms almoçando com os músicos da Filarmônica.

*Confissões de um publicitário*

Durante os serviços de almoço ou jantar, *monsieur* Pitard se colocava junto ao balcão onde nós, cozinheiros, entregávamos os pratos aos garçons. Ele inspecionava cada prato antes que saísse da cozinha. Às vezes, mandava-o de volta para o cozinheiro, para que o trabalho fosse completado. Sempre nos advertia para que não enchêssemos demais o prato — *pas trop!* Ele queria que o Majestic desse lucro.

(Hoje, inspeciono cada campanha antes que ela vá para o cliente e mando muitas delas de volta para serem retrabalhadas. Compartilho, também, a paixão de *monsieur* Pitard pelo lucro.)

O ingrediente desse tipo de liderança que talvez tenha causado mais profunda impressão em mim era a operosidade. Eu achava minhas 63 horas curvado sobre um fogão incandescente tão exaustivas que tinha de gastar o meu dia de folga deitado numa campina, de pernas para o ar, olhando o céu. Mas Pitard trabalhava *77 horas* por semana e tirava um só dia de folga a cada quinzena.

(Mais ou menos assim são os meus esquemas, hoje em dia. Imagino que meu *staff* relutará menos em fazer serão, se eu mesmo trabalhar mais horas do que eles. Um executivo que deixou minha agência recentemente escreveu em sua carta de despedida: "Você estabelece o hábito de trabalhar em casa. É uma experiência desconcertante passar uma noite de sábado no jardim da casa ao lado da sua, enchendo a cara durante quatro horas, enquanto você fica sentado impassível em sua escrivaninha junto à janela, fazendo o seu dever de casa. A notícia se espalha.")

Aprendi algo mais no Majestic: se você consegue se tornar indispensável para um cliente, jamais será mandado embora. Nosso cliente mais importante, uma dama estadunidense que ocupava uma suíte de sete aposentos, submetia-se a uma dieta baseada em uma maçã assada em cada refeição. Um dia, ela ameaçou se mudar para o Ritz a menos que sua maçã viesse sempre *estourando*. Desenvolvi a ideia de assar *duas* maçãs, passando as polpas por uma peneira, de forma a remover qualquer traço das sementes, e recolocando-as em uma só casca. O resultado foi a mais voluptuosa maçã assada que nossa cliente já tinha visto, e mais calorias do que ela jamais suspeitaria. Veio uma determinação para a cozinha de que o chef que estava assando aquelas maçãs deveria ganhar estabilidade.

Meu amigo mais íntimo era um *argentier* bastante idoso, que tinha incrível semelhança com o finado Charles C. Burlingham. Sua lembrança mais querida era a visão de Edward VII (Eduardo, O Mimado) flutuando majestosamente pela calçada em direção à sua carruagem, depois de beber dois *magnums* de *entente cordiale* no Maxim's. Meu amigo era comunista. Ninguém se preocupava com isso; as pessoas se impressionavam muito mais com a minha nacionalidade.

Um escocês em uma cozinha francesa é tão raro quanto um escocês na Madison Avenue. Meus colegas cozinheiros, que haviam ouvido as lendas sobre meus ancestrais das Terras Altas da Escócia, me apelidaram de *Sauvage*.

Fiquei mais *sauvage* ainda quando cheguei à Madison Avenue. A administração de uma agência de publicidade não é propriamente uma festa. Depois de catorze anos nisso, cheguei à conclusão de que quem está no posto mais alto tem uma responsabilidade principal: propiciar uma atmosfera na qual rebeldes criativos possam fazer um trabalho útil. O Dr. William Menninger descreveu essas dificuldades com fantástico discernimento:

> Para ser bem-sucedido na indústria da publicidade, você precisa reunir um grupo de pessoas criativas. Isso significa uma alta percentagem de gente sensível e brilhante, de não conformistas excêntricos.
>
> Assim como a maioria dos médicos, você estará à disposição dia e noite, sete dias por semana. Essa pressão constante sobre todos os executivos publicitários cobra um preço alto em desgaste físico e psicológico — opressão que o executivo transmite ao diretor de contas e ao supervisor, e eles, por sua vez, colocam sobre o pessoal criativo. E aí vêm, acima de tudo, as pressões dos clientes sobre eles e sobre você.

Um problema especial com os empregados de uma agência de publicidade é que um está sempre de olho para ver se o outro ganhou um tapete, um salário, ou se conseguiu um assistente antes. Não é que eles queiram o tapete, ou o assistente, ou o aumento, mas o que importa é o reconhecimento da "posição junto ao pai".

O diretor é inevitavelmente uma figura paternal. Para ser essa figura paterna, seja para seus filhos, seja para companheiros de trabalho, é preciso ser compreensivo, ter consideração e ser humano ao ponto de se tornar *afetuoso*.

Nos primeiros tempos da agência, eu trabalhava lado a lado com todos os funcionários; comunicação e afeição eram fáceis. Mas, com o crescimento da empresa, isso ficou mais difícil. Como posso ser uma figura paternal para pessoas que não me conhecem nem de vista? Minha agência emprega 497 pessoas. Descobri que eles têm uma média de cem amigos cada — um total de 49.700 amigos. Se eu contar ao meu pessoal o que estamos realizando na agência, no que acreditamos, quais são as nossas ambições, eles contarão para seus 49.700 amigos. E isso nos dará 49.700 torcedores da Ogilvy, Benson & Mather.

Portanto, uma vez por ano reúno todo o pessoal no auditório do Museu de Arte Moderna de Nova York e apresento um

*Confissões de um publicitário*

relatório sincero de nossas operações, lucros e tudo o mais. Então, descrevo o tipo de comportamento que admiro, nos seguintes termos:

(1) Admiro pessoas que trabalham duro, que enfrentam a batalha. Detesto quem não trabalha para carregar o próprio peso no barco. É mais divertido estar com excesso de trabalho do que com trabalho de menos. Existe um fator econômico inerente à dedicação profissional: quanto mais você trabalha, de menos empregados precisa, e mais lucro obtém. Quanto mais lucro se obtém, mais dinheiro haverá para todos nós.

(2) Admiro pessoas com cérebro de primeira classe, porque não se pode administrar uma grande agência de publicidade sem pessoas inteligentes. Mas a inteligência não é o suficiente; ela precisa estar combinada com *honestidade intelectual.*

(3) Tenho uma regra rígida contra o emprego de "afilhados" e esposas, porque isso alimenta a politicagem. Toda vez que dois de nossos funcionários se casam, um deles tem que deixar a agência — preferivelmente a mulher, para cuidar do seu bebê.

(4) Admiro quem trabalha com prazer. Se não gosta do que está fazendo, peço que procure outro emprego. Lembre-se do provérbio escocês: "Seja feliz

enquanto está vivo, porque você vai ficar morto por muito tempo."

(5) Desprezo puxa-sacos e bajuladores; geralmente são as mesmas pessoas que infernizam os seus subordinados.

(6) Admiro profissionais autoconfiantes, os artesãos que fazem o seu trabalho com excelência superlativa. Parecem respeitar sempre a competência dos próprios colegas. Não espezinham ninguém.

(7) Admiro as pessoas que contratam subordinados suficientemente bons para sucedê-las. Tenho pena de quem se sente tão inseguro que é compelido a contratar seres inferiores como seus subordinados.

(8) Admiro quem ajuda no desenvolvimento dos próprios subordinados, porque essa é a única maneira pela qual podemos promover dentro das nossas fileiras. Detesto ter que ir fora da agência em busca de gente para cargos importantes e almejo o dia em que isso nunca será necessário.

(9) Admiro pessoas gentis, que tratam os outros como seres humanos. Abomino pessoas briguentas. Abomino quem alimenta guerras de papel. A melhor maneira de manter a paz é ser cordial. Lembre-se de Blake:

*Eu estava furioso com o meu amigo.*
*Contei-lhe a minha raiva, a minha raiva passou.*
*Eu estava furioso com o meu inimigo.*
*Eu não lhe disse nada, a minha raiva cresceu.*

(10) Admiro pessoas organizadas, que cumprem o prazo. O duque de Wellington nunca foi para casa sem ter antes terminado todo o trabalho que estava em sua mesa.

Tendo revelado ao meu *staff* o que dele espero, então lhe digo o que espero de mim mesmo:

(1) Tento ser justo e firme, tomar decisões impopulares sem covardia, criar uma atmosfera de estabilidade e ouvir mais do que falar.

(2) Tento sustentar o "pique" da agência — seu fermento, sua vitalidade, seu impulso para a frente.

(3) Tento sempre conquistar novas contas. (Nesse momento, os rostos atentos na audiência parecem filhotes de passarinhos esperando que o pássaro-pai os alimente.)

(4) Tento conquistar o nível mais alto da confiança dos nossos clientes.

Como administrar uma agência de publicidade

(5) Tento ter lucro suficiente para manter todos os meus funcionários longe da penúria na velhice.

(6) Planejo políticas de longo prazo.

(7) Tento recrutar pessoas da mais alta qualidade para todos os níveis, a fim de constituir o melhor *staff* do ramo.

(8) Tento extrair o melhor de cada funcionário e funcionária da agência.

Administrar uma agência exige vitalidade e resiliência suficientes para defender o indivíduo contra a frustração da derrota. Afeição pelos companheiros e tolerância para com seus pontos fracos. Um gênio para reunir as possíveis rivalidades existentes. Um olho infalível para reconhecer as grandes oportunidades. E moralidade — pessoas que trabalham em agências de publicidade podem sofrer sérios golpes no seu *esprit de corps* se descobrirem que o seu líder está envolvido em atos inescrupulosos de oportunismo.

Acima de tudo, o líder de uma agência deve saber delegar. Isso é mais fácil de dizer do que de cumprir. Os clientes não gostam que o atendimento de sua conta seja delegado a principiantes, da mesma forma que os pacientes nos hospitais não gostam de serem direcionados a estudantes de medicina.

*Confissões de um publicitário*

Na minha opinião, a delegação de tarefas tem sido levada longe demais em algumas das grandes agências. O pessoal no nível mais alto se retira para a administração, deixando todo o contato com os clientes para os *juniors*. Esse processo constrói grandes agências, mas leva a uma performance medíocre. Não tenho a ambição de presidir sobre uma vasta burocracia. Por isso, temos apenas 19 clientes. A busca da excelência é menos lucrativa que a busca do tamanho, mas pode ser mais satisfatória.

O ato de delegar com frequência resulta em interpor um capataz entre o líder da agência e seu pessoal. Quando isso acontece, os empregados se sentem como crianças cuja mãe as deixa entregues aos cuidados carinhosos de uma babá. Mas eles se conformam com a separação quando descobrem que as babás são mais pacientes, mais acessíveis e mais competentes do que eu.

Meu sucesso ou fracasso no comando de uma agência depende, mais que tudo, da minha habilidade em encontrar gente que possa criar grandes campanhas. Homens com fogo em suas entranhas. A criatividade se tornou tema de estudos formais dos psicólogos. Se eles conseguirem identificar as características dos indivíduos criativos, irão colocar em minhas mãos um teste psicométrico para selecionar jovens que possam ser treinados para se tornar grandes criadores de

Como administrar uma agência de publicidade

campanhas. O Dr. Frank Barron, do Instituto de Estudos da Personalidade da Universidade da Califórnia, fez uma promissora pesquisa nessa área. Suas conclusões são semelhantes às minhas observações particulares:

> Pessoas criativas são, sobretudo, observadoras e valorizam a observação acurada (dizendo a si mesmas a verdade) mais do que outras pessoas.
>
> Expressam com frequência verdades parciais, mas fazem isso de forma brilhante; a parte que elas expressam é, via de regra, desconhecida; pela mudança na tônica e pela aparente desproporção nas afirmativas, buscam apontar para o que normalmente não é observado.
>
> Veem coisas como todo mundo, mas também veem coisas que as outras não veem.
>
> Nascem com grande capacidade mental; têm mais habilidade para lidar com muitas ideias ao mesmo tempo e para comparar mais ideias com uma outra — como consequência, fazem uma síntese mais rica.
>
> São, por constituição, mais vigorosas e têm disponíveis reservas excepcionais de energia psíquica e física.
>
> Seu universo é, então, mais complexo; e ainda por cima quase sempre vivem vidas mais complexas.

*Confissões de um publicitário*

Elas têm mais contato com o inconsciente do que
a maioria das pessoas — contato com a fantasia, com
o sonho, com o mundo da imaginação.[4]

Enquanto espero o Dr. Barron e seus colegas sintetizarem
as suas observações clínicas em testes psicométricos formais,
tenho de confiar em técnicas mais antiquadas e empíricas
para detectar os dínamos criativos. Sempre que vejo um
anúncio ou um comercial marcante, procuro descobrir quem
o escreveu. Ligo para o redator e o cumprimento pelo trabalho. Uma pesquisa demonstrou que o pessoal criativo prefe-
riria trabalhar na Ogilvy, Benson & Mather a trabalhar em
qualquer outra agência. Por isso, o meu telefonema costuma
gerar um pedido de emprego.

Peço ao candidato que mande os seis melhores anúncios e
comerciais que já escreveu. Isso revela entre outras coisas se
ele é capaz de reconhecer um grande anúncio quando o vê
ou se é apenas o instrumento de um hábil supervisor. Às vezes, visito minha vítima em sua casa. Dez minutos depois de
cruzar a soleira, posso dizer se ela tem uma mente ricamente
equipada, que espécie de gosto ela tem e se é feliz o suficiente
para aguentar a pressão.

---

4 "The Psychology of Imagination", de Frank Barron, *Scientific American*
(setembro de 1958).

Como administrar uma agência de publicidade

Recebemos centenas de pedidos de emprego todos os anos. Acabo me interessando mais por aqueles que vêm do Meio-Oeste.

Prefiro contratar um jovem ambicioso de Des Moines a um custoso fugitivo de uma agência da moda da Madison Avenue. Quando observo esses figurões, friamente corretos e aborrecidos, me lembro da obra de Roy Campbell, *On Some South Africa Novelists*:

> *Você louva a firme contenção com que eles escrevem.*
> *Eu concordo com isso, é claro.*
> *Eles usam muito bem o freio e o bridão...*
> *Mas onde está o maldito cavalo?*

Dou atenção especial aos pedidos vindos da Europa Ocidental. Alguns dos nossos melhores redatores são europeus. Eles são bem-educados e dedicados, menos convencionais e mais objetivos no seu *approach* ao consumidor dos Estados Unidos.

Publicidade é um negócio de *palavras*, mas as agências estão infestadas de homens e mulheres incapazes de escrever. Eles não conseguem escrever anúncios nem planos. São tão inúteis quanto surdos no palco da Metropolitan Opera.

É triste que a maioria dos responsáveis pela publicidade hoje, tanto nas agências quanto nos clientes, seja tão convencional. O mundo dos negócios quer publicidade brilhante,

*Confissões de um publicitário*

mas dá as costas para o tipo de pessoa que pode produzi-la. É por isso que a maioria dos anúncios é tão chata. Albert Lasker fez 50 milhões de dólares com publicidade, em parte porque conseguiu suportar os modos atrozes de seus grandes redatores — John E. Kennedy, Claude C. Hopkins e Frank Hummert.

Algumas agências gigantescas são administradas por zeladores da segunda geração que ascenderam ao topo porque eram contatos polidos. Só que os cortesãos jamais conseguem criar campanhas poderosas. A triste verdade é que, apesar do aparato sofisticado das agências modernas, a publicidade não está conseguindo os resultados que costumava conquistar nos dias crus de Lasker e Hopkins. Nosso negócio necessita de maciças transfusões de talento. E talento, acredito, é mais fácil de ser encontrado entre os não conformistas, os dissidentes e os rebeldes.

Há não muito tempo, a Universidade de Chicago me convidou para participar de um seminário sobre organização criativa. A maioria dos participantes era de eruditos professores de psicologia que se ocuparam do estudo do que eles chamam de CRIATIVIDADE. Sentindo-me como uma mulher grávida em uma convenção de obstetras, contei-lhes o que havia aprendido sobre o processo criativo, a partir da minha experiência como chefe de 63 redatores e artistas.

O processo criativo exige mais do que a razão. O pensamento mais original não é nem mesmo verbal. Exige "uma experimentação que apalpe as ideias no escuro, governada por toques intuitivos e inspirada pelo inconsciente". A maioria dos homens de negócios é incapaz de pensar com originalidade porque é incapaz de escapar da tirania da razão. A imaginação deles está bloqueada.

Sou praticamente incapaz de um pensamento lógico, mas desenvolvi técnicas para manter aberta a minha ligação o meu inconsciente, caso este repositório desordenado tenha alguma coisa para dizer. Ouço muita música, vivo em termos amistosos com John Barleycorn.[5] Tomo longos banhos quentes. Pratico jardinagem. Faço alguns retiros entre os amish.[6] Observo os pássaros. Faço longas caminhadas no campo. E tiro férias com frequência, para que meu cérebro possa descansar — nada de golfe; festas; jogos de tênis, bridge ou de concentração; somente uma bicicleta. Enquanto me dedico a fazer nada, recebo uma corrente constante de telegramas do meu inconsciente — que se tornam a matéria-prima para meus anúncios. Contudo, algo mais é exigido: trabalho duro, mente aberta e uma curiosidade indomável.

---

5  Ele quer dizer que se relaciona de forma equilibrada com bebidas alcoólicas. *[N. do T.]*

6  População de hábitos frugais, severos e muito conservadores que vive na região da Pensilvânia, onde Ogilvy foi fazendeiro. *[N. do T.]*

*Confissões de um publicitário*

Muitas das maiores criações do homem foram inspiradas pelo desejo de fazer *dinheiro*. Quando George Frederick Haendel estava falido, trancou-se por 21 dias e emergiu com a composição completa do *Messias* — e acertou no milhão. Poucos dos temas do *Messias* eram originais; Haendel os buscou no fundo do seu inconsciente, no qual estavam depositados desde que ele os ouvira nas obras de outros compositores ou desde que os compusera para suas próprias óperas esquecidas.

Ao final de um concerto no Carnegie Hall, Walter Damrosch perguntou a Rachmaninoff que pensamentos sublimes tinham passado por sua mente enquanto ele fitava o auditório durante a execução do seu concerto. "Eu estava calculando a bilheteria", respondeu Rachmaninoff.

Se os estudantes de Oxford fossem *pagos* por seu trabalho, eu teria realizado milagres de desempenho nos estudos e me tornado professor emérito de História Moderna. Foi somente quando provei o gosto do lucro na Madison Avenue que comecei a trabalhar seriamente.

No mundo moderno dos negócios, é inútil ser um pensador criativo e original, a menos que você possa também *vender* o que cria. Não se pode esperar que a administração reconheça uma boa ideia, a menos que ela lhe seja apresentada por um bom vendedor. Em meus 14 anos na Madison Avenue, fui incapaz de vender apenas uma de minhas grandes ideias. (Eu queria que a International Paper oferecesse seus 26 milhões de acres de florestas ao público, para camping, caça, pesca, passeios e observação de pássaros. Sugeri que esse gesto sublime se igualaria às bibliotecas de Carnegie e à Fundação Rockefeller, como um ato de generosidade histórica. Era uma boa ideia, mas não consegui vendê-la.)

Enfim, tenho observado que nenhuma organização criativa, desde um laboratório de pesquisa, uma loja, uma cozinha em Paris ou uma agência de publicidade, produzirá um conjunto notável de trabalho, *a menos que seja liderada por um indivíduo formidável*. O Laboratório Cavendish, em Cambridge, foi grande por causa de Lorde Rutherford. A *New Yorker* foi grande por causa de Ross. O Majestic foi grande por causa de Pitard.

Nem todo mundo gosta de trabalhar no ateliê de um mestre. As implicações da dependência corroem as entranhas, até que eles concluem:

> Reinar é uma ambição válida mesmo no Inferno:
> Melhor reinar no Inferno que servir no Paraíso.

Então eles deixam o meu ateliê somente para descobrir que o seu paraíso estava perdido. Algumas semanas depois de ter partido, um desses pobres companheiros me escreveu: "Quando deixei sua agência, eu estava preparado para sentir

*Confissões de um publicitário*

alguma tristeza. O que senti foi aflição. Nunca me senti tão desolado na vida. Suponho ser este o preço que alguém tem que pagar pelo privilégio de ter pertencido a uma elite. Há muito poucas por aí."

Quando um homem bom vai embora, seus colegas ficam se perguntando o motivo e suspeitam que ele foi maltratado pela administração. Descobri há pouco uma maneira de prevenir esses mal-entendidos. Quando meu jovem redator-chefe pediu demissão para se tornar *vice-chairman* de outra agência, eu e ele trocamos cartas no estilo de um ministro resignado perante o primeiro-ministro, e elas foram publicadas em nossa revista interna. O querido desertor me escreveu: "Você deve aceitar a culpa pelo que sou como homem de publicidade. Me inventou e me ensinou tanto, que eu nem sei... Você, certa vez, disse que deveria ter me cobrado uma taxa pela instrução, todos estes anos, e isso é verdade."

Respondi no mesmo tom: "Foi uma grande experiência observar você crescer ao longo destes 11 curtos anos, de um redator calouro a chefe de redação. Você se tornou um dos melhores construtores de campanhas. Se dedica e trabalha rápido. Sua vitalidade e resiliência lhe permitem se manter calmo e alegre — de forma contagiante — diante das atribulações que assolam os chefes de redação."

Poucos dos grandes criadores têm personalidade agradável. Eles são egotistas rixentos, o tipo de homem indesejável na

Como administrar uma agência de publicidade

corporação moderna. Considere Winston Churchill. Ele bebia como uma esponja, foi caprichoso e obstinado. Quando contrariado, mergulhava no mau humor. Era rude com os pobres de espírito. Era selvagemente extravagante. Chorava à menor provocação. Sua conversação era rabelaisiana. Não tinha consideração alguma com a própria equipe. Entretanto, Lorde Alanbrooke, seu chefe de gabinete, escreveu:

> Sempre me recordarei dos anos em que trabalhei com ele como alguns dos mais difíceis e desagradáveis da minha vida. Por isso, agradeço a Deus ter me dado a oportunidade de trabalhar ao lado de tamanho homem e por ter tido os olhos abertos para o fato de que, de vez em quando, existem na Terra alguns super-homens.

# II

# Como conquistar clientes

Há 15 anos, eu tinha uma fazenda de tabaco na Pensilvânia. Hoje, presido uma das melhores agências de publicidade dos Estados Unidos, com faturamento de 55 milhões de dólares por ano, folha de pagamento de 5 milhões de dólares e escritórios em Nova York, Chicago, Los Angeles, São Francisco e Toronto.

Como isso aconteceu? Como dizem meus amigos amish: "Isso me intriga."

Em um dia de 1948, abri minha tenda de trabalho e emiti a seguinte Ordem do Dia:

*Confissões de um publicitário*

Esta é uma agência nova, lutando para viver. Por algum tempo deveremos ter excesso de trabalho e escassez de salário.

Nas contratações, a ênfase estará nos jovens. Estamos à procura de jovens corajosos. Não há lugar para puxa-sacos ou mercenários. Estou à caça de cavalheiros com cérebros.

As agências são tão grandes quanto merecem ser.

Estamos começando a nossa do nada, mas vamos torná-la uma grande agência antes de 1960.

No dia seguinte, fiz uma lista dos cinco clientes que mais desejava: General Foods, Bristol-Myers, Campbell Soup Company, Lever Brothers e Shell.[7]

Nos velhos tempos, não era raro anunciantes de tal magnitude contratarem agências desconhecidas. Quando o presidente de uma agência gigantesca solicitou a conta dos cigarros Camel, prometeu colocar *trinta* redatores a seu serviço. O sagaz presidente da Reynolds, então, retrucou "Que tal colocar um bom?" e entregou a conta para um jovem redator chamado Bill Esty — a conta ficou na agência 28 anos.

Em 1937, Walter Chrysler deu a conta do Plymouth para Sterling Getchel, que tinha apenas 32 anos. Em 1940, Ed

---

7 Escolher alvos tão importantes foi um ato de tresloucada presunção, mas todas as cinco se tornaram clientes da Ogilvy, Benson & Mather.

Little entregou a maior parte da conta da Colgate para um "azarão" chamado Ted Bates. A General Foods descobriu a Young & Rubicam quando a agência tinha apenas um ano de funcionamento. Escrevendo depois de se aposentar, John Orr Young, um dos fundadores da Young & Rubicam, ofereceu este conselho aos industriais em busca de uma agência:

> Se tiver a sorte de encontrar jovens com aquela energia especial e a ousadia que os leva a montar um negócio próprio, você se beneficiará de suas qualidades incalculavelmente valiosas.
>
> É fácil ser encantado por quilômetros de mesas, departamentos e outros acessórios das grandes agências. O que conta é a verdadeira razão de ser da agência, a potência criativa.
>
> Grandes êxitos na publicidade foram conquistados pelos anunciantes que se beneficiaram do incentivo, da ambição e da energia de uma organização publicitária em processo de construir uma reputação.
>
> Esses grandes anunciantes procuraram comprar o serviço de sua agência de publicidade em um mercado em crescimento, durante os anos pioneiros do agente, ou seu período pré-adiposo.[8]

---

8  John Orr Young, *Adventures in Advertising*, Harper, 1948.

*Confissões de um publicitário*

Na época em que entrei no ramo, os grandes anunciantes tinham se tornado mais cautelosos. Deus tinha se bandeado para o lado dos grandes batalhões. Stanley Resor, então presidente da J. Walter Thompson desde 1916, advertiu-me: "A concentração da indústria em grandes corporações está se refletindo no mundo da publicidade. As grandes contas estão exigindo um espectro de serviços tão amplo que só as grandes agências podem atendê-las. Por que você não abandona esse sonho impossível e se junta a J. Walter Thompson?"

Para as novas agências que estão a ponto de se lançar à conquista de seus primeiros clientes, deixo como legado a argumentação que funcionou como mágica nos meus idos dias. Eu costumava sugerir a possíveis clientes que ponderassem sobre o ciclo de vida de uma agência típica, o inevitável padrão de ascensão e declínio, da dinamite à putrefação:

De tantos em tantos anos, nasce uma grande nova agência: ela é ambiciosa, trabalhadora, cheia de dinamite. Ela tira contas das velhas agências preguiçosas. Ela faz um grande trabalho.

Os anos passam, os fundadores ficam ricos e cansados. O fogo criativo se apaga, tornando-se um vulcão extinto. A agência pode continuar a prosperar. Seu impulso original ainda não se esgotou. Tem contatos poderosos. Mas se tornou muito grande. Produz campanhas rotineiras, chatas, baseadas no eco das antigas vitórias. Começa a decadência. A ênfase muda para os serviços colaterais, para disfarçar a falência criativa. Nesse estágio, começa a perder contas para agências novas, cheias de vitalidade; iniciantes implacáveis que se dedicam muito e põem toda a sua dinamite nos anúncios.

Todos nós podemos citar agências famosas que estão moribundas. Você ouve rumores desmoralizantes pelos corredores, muito antes que a verdade chegue aos ouvidos dos clientes.

Depois disso, eu conseguia observá-los lutando para esconder o fato de que eu tinha tocado na ferida. Estaria eu descrevendo a agência moribunda que os atendia?

Hoje, 14 anos depois, fico chocado com esse estratagema vil. O meu tio erudito, Sir Humphry Rolleston, costumava dizer sobre os médicos: "Primeiro, eles *tomam impulso*, depois conquistam a *glória* e, então, se tornam *honestos*." Estou me aproximando do estágio da honestidade, virando um anjinho. Mas tudo parecia diferente quando minha conta bancária estava vazia. Assim como explanava o Rei Pirata, de Gilbert:

Quando parto em busca da minha presa,
Sirvo-me como os reis se servem:

*Confissões de um publicitário*

Afundo mais navios, é verdade,

Do que um monarca de boa estirpe faria;

Mas muitos reis, em tronos de primeira classe,

Se querem fazer com que suas coroas sejam suas mesmo,

São obrigados de alguma forma a envolver-se

Com trabalho mais sujo do que *eu* jamais me envolvo.

Seguindo o conselho de Henry Ford a seus revendedores — de que deveriam "fazer ofertas em visitas pessoais" —, comecei solicitando as contas de anunciantes que não usavam a minha agência, admitindo que me faltavam credenciais para substituir a que tinha a conta deles. Meu primeiro alvo foi a Wedgwood Porcelanas, que investia cerca de 40 mil dólares por ano. O Sr. Wedgwood e sua gerente de publicidade me receberam com grande gentileza.

— Não gostamos de agências — confessou ela. — Elas só servem para trazer aborrecimentos. Preparamos nossos próprios anúncios. Você vê algum erro neles?

— Pelo contrário, eu os admiro. Mas, se permitir que eu apenas compre o espaço para a sua propaganda, as revistas me darão uma comissão. Não haverá custo para os senhores e prometo que jamais voltarei a incomodá-los.

Hensleigh Wedgwood era um homem gentil e, na manhã seguinte, escreveu uma carta formal de nomeação, à qual eu

Como conquistar clientes

respondi com um telegrama que soava como um repicar de sinos. Nós estávamos no negócio.

Meu capital era de somente 6 mil dólares — apenas o necessário para me manter à tona até que chegassem as primeiras comissões. Felizmente para mim, meu irmão mais velho, Francis, era o diretor-geral da Mather & Crowther Ltd., uma agência venerável e afamada em Londres. Ele me ajudou, persuadindo seus sócios a aumentar meu capital e a me emprestar seu nome. Meu velho amigo Bobby Bevan, da S. H. Benson Ltd., outra agência inglesa, veio em seguida, e Sir Francis Meynell conseguiu que Sir Stafford Cripps autorizasse o investimento transatlântico.

Bobby e Francis insistiram em que eu encontrasse um estadunidense para a presidência da agência. Não acreditavam que um compatriota pudesse persuadir os industriais dos Estados Unidos a lhe entregar qualquer negócio. Seria absurdo esperar que um inglês, ou mesmo um escocês, fosse bem-sucedido na publicidade estadunidense. Publicidade não fazia parte do talento britânico. Pior ainda, os britânicos sempre detestaram a ideia de fazer publicidade. Como a revista *Punch* comentou em 1848: "Vá lá que sejamos uma nação de comerciantes, tanto quanto nos agrade, mas não há necessidade de que nos tornemos uma nação de publicitários." Dentre os 5.500 cavaleiros, baronetes e pares do reino que vivem hoje, apenas *um* é profissional de publicidade.

59

*Confissões de um publicitário*

(O preconceito contra a publicidade e os seus praticantes é menor nos Estados Unidos. Neil McElroy, um antigo gerente de publicidade da Procter & Gamble (P&G), foi nomeado secretário da Defesa na administração Eisenhower. Chester Bowles graduou-se na Madison Avenue para se tornar governador de Connecticut, embaixador na Índia e subsecretário de Estado. Ainda assim, mesmo nos Estados Unidos, é raro que homens de publicidade sejam nomeados para cargos importantes no governo. É uma pena, pois alguns deles são mais bem-dotados que a maioria dos advogados, professores, banqueiros e jornalistas favorecidos. Homens de publicidade experientes estão mais bem equipados para definir problemas e oportunidades, para estabelecer objetivos a curto e a longo prazos, medir resultados, liderar grandes grupos de executivos, fazer apresentações lúcidas a comitês e operar dentro da disciplina de um orçamento. A observação dos meus antecessores e dos que são melhores do que eu em outras agências de publicidade me leva a crer que são, em maioria, mais objetivos, mais organizados, mais rigorosos e mais trabalhadores do que os profissionais do seu nível na advocacia, no magistério, nos bancos e no jornalismo.)

Eu tinha muito pouco a oferecer ao típico executivo estadunidense que estaria qualificado para dirigir uma agência. Entretanto, depois de alguns meses, convidei Anderson Hewitt a deixar o escritório da J. Walter Thompson em Chicago e se tornar meu chefe. Ele era um dínamo de energia, ficava imperturbável na presença dos nababos e tinha ligações cuja influência me dava água na boca.

Em um ano, Andy Hewitt trouxe duas esplêndidas contas. Com o auxílio de John La Farge, contratado como nosso redator-chefe, conquistou a Sunoco. E, três meses depois, seu sogro, Arthur Page, convenceu o Chase Bank a nos contratar. Quando ficamos sem dinheiro, Andy Hewitt persuadiu o J. P. Morgan & Company a nos emprestar 100 mil dólares, sem garantias, exceto a confiança de seu tio Leffingwell, que era então o *chairman* do Morgan.

Lamentavelmente, minha associação com Andy não era muito feliz. Tentamos esconder dos funcionários as nossas diferenças, mas as crianças sempre sabem quando os pais estão brigando. Após quatro anos de discórdia, exacerbada por nosso sucesso meteórico, a agência começou a se dividir em duas facções. Depois de muito sofrimento para todos os envolvidos, Andy pediu demissão e me tornei presidente. Consolei-me com o fato de que ele partira para grandes realizações em outras agências sem o estorvo de um sócio insuportável.

Quando abrimos nossa agência, entramos em competição com outras 3 mil. Nosso primeiro trabalho foi sair da obscuridade, de modo que os clientes em potencial pudessem nos incluir em suas listas. O sucesso chegou mais depressa do que

*Confissões de um publicitário*

eu teria ousado esperar, e talvez seja útil que eu conte como nós o conseguimos.

Comecei convidando dez repórteres da imprensa especializada em publicidade para um almoço. Descrevi para eles a minha desatinada ambição de construir uma grande agência a partir do nada. Daí em diante, eles me deram preciosas dicas de novos negócios e publicaram todo e qualquer *release* que enviei, por mais trivial que fosse; Deus os abençoe. Rosser Reeves reclamou, dizendo que ninguém ia ao banheiro na nossa agência sem que a notícia aparecesse na imprensa especializada.

Depois, segui o conselho de Edward L. Bernays de não fazer mais de duas palestras por ano. Cada palestra que eu fazia era calculada para provocar a maior agitação possível na Madison Avenue. A primeira foi para o Clube de Diretores de Arte, na qual despejei tudo que sabia sobre o grafismo na publicidade. Antes de voltar para casa, dei para cada diretor de arte da plateia uma lista mimeografada de 39 regras para fazer bons layouts. Essas velhas regras ainda circulam na Madison Avenue.

Na conferência seguinte, denunciei o vazio dos cursos de publicidade oferecidos nas faculdades e doei 10 mil dólares para ajudar a fundar uma escola de publicidade que outorgaria diplomas para o exercício da profissão. Essa proposta idiota ganhou as primeiras páginas dos jornais. Logo a imprensa especializada começou a pedir minhas opiniões sobre a maioria dos assuntos que aparecessem. Sempre disse o que acreditava que deveria ser dito e sempre fui citado.

Em terceiro lugar, fiz amizade com homens cujo trabalho os colocava em contato com os grandes anunciantes — pesquisadores, consultores de relações-públicas, consultores de administração e vendedores de espaço. Eles me viam como uma fonte possível de futuros negócios para si mesmos, mas tudo que conseguiram foi reafirmar os méritos da nossa agência.

Em quarto lugar, eu mandava relatórios frequentes para seiscentas pessoas de todas as áreas. Essa barragem de mala direta foi lida pelos mais augustos anunciantes. Por exemplo, quando solicitei uma parte da conta da Seagram, Sam Bronfman repetiu para mim os dois últimos parágrafos de um discurso de 16 páginas que eu havia lhe enviado pouco tempo antes e nos contratou.

Gentil leitor, se você está chocado com essas confissões de autopromoção, só posso argumentar que, se tivesse me comportado de maneira mais profissional, teria levado vinte anos para chegar lá. Eu não tinha nem o tempo nem o dinheiro para esperar. Eu era pobre, desconhecido e estava com pressa.

Enquanto isso, trabalhava do amanhecer até a meia-noite, seis dias por semana, criando campanhas para os clientes que contrataram a nossa recém-nascida agência. Algumas delas fizeram parte da história da publicidade.

*Confissões de um publicitário*

Nos primeiros tempos, agarrávamos qualquer conta que pudéssemos pegar — uma tartaruga de brinquedo, uma escova de cabelos patenteada, uma motocicleta inglesa. Entretanto, sempre mantive o olho na minha lista de alvos e investi nossos magros lucros na construção do tipo de organização que, eu acreditava, iria enfim atrair a atenção deles.

Sempre mostrei aos clientes em potencial o expressivo crescimento da Ogilvy, Benson & Mather. "Em todos os casos criamos novos caminhos, e em todos os casos *as vendas cresceram.*"

Nunca consegui ficar muito sério ao fazer essa declaração. Se as vendas de uma companhia não tivessem crescido mais de seis vezes nos vinte anos anteriores, seu crescimento teria sido inferior à média.

Em 1945, algumas agências muito comuns tinham a sorte de ter em seus portfólios algumas contas também muito comuns. Tudo que tiveram de fazer foi afivelar os cintos e serem elevadas a altitudes espetaculares na curva de uma economia que subia como um foguete. Uma agência precisa de habilidade extraordinária para conquistar contas quando as vendas de todos estão explodindo; mas, quando a economia é atacada por uma recessão, os velhos fósseis ficam paralisados, e novas agências saltam à frente.

Os primeiros clientes de uma agência são os mais difíceis de conquistar porque ela não tem credenciais, nenhuma his-

## Como conquistar clientes

tória de sucesso, nenhuma reputação. Nesse estágio, muitas vezes vale a pena especular, fazendo pesquisa-piloto sobre algum aspecto do negócio do possível cliente. São raros os industriais que não ficarão curiosos se você se oferecer para lhes mostrar os resultados de uma pesquisa desse tipo.

A primeira vez que o tentei foi com Helena Rubinstein, que havia mudado de agência 17 vezes nos 25 anos anteriores. O filho mais novo dela, Horace Titus, tinha uma agência e era o responsável pela conta dela. Nossa pesquisa especulativa revelou que a publicidade feita por ele era ineficaz. Madame Rubinstein não quis saber dos resultados dessa pesquisa, mas aguçou os ouvidos quando exibi alguns anúncios baseados nela, demonstrando particular interesse nas fotografias de minha mulher, tiradas antes e depois de um tratamento no Salão Rubinstein.

"Acho que sua mulher estava bem mais bonita *antes*", comentou madame Rubinstein.

Para minha surpresa, Horace Titus aconselhou a mãe a tirar a conta da própria agência e entregá-la a mim. Assim fez ela. Horace e eu nos tornamos amigos e assim continuamos até sua morte, oito anos mais tarde.

Em 1958, fomos convidados pela Standard Oil de Nova Jersey para lhes mostrar o tipo de publicidade que faríamos se nos contratassem. Dez dias depois, apresentei-lhes um balaio de 14 diferentes campanhas e conquistei a conta. Além da

*Confissões de um publicitário*

sorte, a criatividade e as noites mal dormidas são as melhores armas durante a caça de novos negócios.

Gastamos 30 mil dólares em uma apresentação especulativa para a Bromo Seltzer. Baseava-se na tese indiscutivelmente comprovada de que grande parte das dores de cabeça tem origem psicossomática. Contudo, LeMoyne Billings, o gerente de publicidade da empresa, preferiu uma apresentação feita pela Lennen & Newell.

Hoje em dia, não temos nem tempo nem estômago para preparar campanhas especulativas. Em vez disso, mostramos o que fizemos para outros clientes, explicamos nossas políticas e apresentamos nossos chefes de departamento. Tentamos nos revelar como realmente somos, com nossas imperfeições e tudo. Se o cliente em potencial gostar do que vê, nos contrata; se não, ficamos melhor sem ele.

Quando a KLM Royal Dutch Airlines decidiu trocar de agência, convidou a Ogilvy, Benson & Mather e outras quatro para preparar campanhas especulativas. Éramos os primeiros em seu *tour* de inspeção. Abri a reunião dizendo: "Não preparamos nada. Em vez disso, gostaríamos que os senhores nos contassem os seus problemas. Depois, podem visitar as outras quatro agências da lista que prepararam. Sem dúvida, elas fizeram campanhas especulativas. Se gostarem de uma delas, a escolha será fácil. Se não, voltem e nos contratem. Nós nos entregaremos à pesquisa que sempre precede a preparação de campanhas em nossa agência."

Os holandeses aceitaram essa gélida proposição e, cinco dias mais tarde, após terem visitado as outras quatro agências, voltaram e nos contrataram, para minha grande alegria.

Não se pode generalizar. Em alguns casos, vale a pena apresentar anúncios especulativos, como aconteceu no caso da Standard Oil e da Helena Rubinstein. Às vezes, vale a pena ser a única agência que se recusa a fazê-los, como no caso da KLM. As agências mais bem-sucedidas em novos negócios são aquelas cujos porta-vozes mostram uma visão mais sensível do perfil psicológico do possível cliente. Rigidez e habilidade de venda não combinam.

Há um estratagema que parece funcionar na maioria dos casos. Deixe o cliente em potencial falar a maior parte do tempo. Quanto mais você escuta, mais inteligente ele pensa que você é. Certo dia, fui visitar Alexander Konoff, um velho russo que fez fortuna fabricando zíperes. Depois de me mostrar sua fábrica em Newark (na qual cada departamento era enfeitado com zíperes de 2 metros), levou-me de volta para Nova York em seu Cadillac com motorista. Foi quando percebi um exemplar da *New Republic*, uma revista que pouquíssimos clientes liam.

— O senhor é democrata ou republicano? — perguntei.

— Sou um socialista. Desempenhei papel ativo na Revolução Russa.

Perguntei-lhe se conhecera Kerensky

*Confissões de um publicitário*

— Não *essa* revolução — murmurou. — A de 1904. Quando eu era garoto, costumava caminhar oito quilômetros descalço na neve para trabalhar em uma fábrica de cigarros. Meu nome verdadeiro é Kaganovitch. O FBI pensa que sou o irmão do Kaganovitch que está agora no Politburo. Eles estão enganados! — exclamou, explodindo em uma gargalhada. — Cheguei aos Estados Unidos e comecei a trabalhar como maquinista em Pittsburgh, por cinquenta centavos a hora. Minha mulher era bordadeira. Ela fazia 14 dólares por semana, mas nunca recebeu o pagamento.

O velho e orgulhoso milionário socialista prosseguiu contando-me que havia conhecido Lênin e Trotsky intimamente durante os dias de exílio deles. Escutei, e com isso conquistei a conta.

O silêncio pode ser de ouro. Há pouco tempo, o gerente de publicidade da Ampex estava em busca de uma nova agência e veio me ver. Pela primeira vez na vida, eu havia almoçado e perdido o poder da palavra. O máximo que consegui fazer foi indicar uma cadeira e olhá-lo de maneira inquisitiva. O homem falou por uma hora sem que eu o interrompesse. Pude notar que ele estava impressionado com a atenção que eu lhe concedia. Não é qualquer publicitário que fica tão taciturno nessas ocasiões. Então, para meu horror, ele fez uma pergunta: tinha eu, porventura, *ouvido* um gravador Ampex? Fiz que não com a cabeça, abatido demais para conseguir falar.

— Bem, quero que escute o nosso equipamento. Ele vem em diferentes estilos... Como é a decoração da sua casa?

Dei de ombros, não confiando em mim mesmo para falar.

— Moderna?

Fiz que não mais uma vez — um homem silencioso.

— Americano antigo?

Outra vez balancei minha cabeça; águas paradas são profundas.

— Século XVIII?

Assenti, mas mantive a boca fechada. Uma semana depois, o Ampex chegou. Era magnífico. Meus sócios, no entanto, acharam que a conta era muito pequena para ser lucrativa, e fui obrigado a recusá-la.

O atendimento de contas, depois de você as ter conquistado, é um assunto terrivelmente sério. Você está gastando o dinheiro de outras pessoas, e muitas vezes o destino da companhia é depositado em suas mãos. Já a caça de novos clientes, considero um esporte. Se o praticar com seriedade demais, morrerá com úlceras. Se o praticar com prazer e sem preocupação, sobreviverá aos fracassos sem perder o sono. Jogue para vencer, mas divirta-se.

Quando era jovem, eu vendia fogões na Exposição Ideal de Lares, em Londres. Cada venda exigia uma abordagem personalizada, que me custava quarenta minutos. O problema estava em selecionar, dentre a multidão que ali circulava, os

*Confissões de um publicitário*

raros indivíduos suficientemente ricos para comprar o fogão que eu vendia, cujo valor era de quatrocentas libras. Aprendi a percebê-los, literalmente, pelo *olfato*: eles cheiravam a cigarros turcos, um sinal de aristocracia, como uma gravata Old Etonian.

Mais tarde, desenvolvi técnicas similares para "farejar" grandes anunciantes dentre a multidão. Certa feita, saí de um banquete do Scottish Council, em Nova York, com o pressentimento de que quatro dos homens que tinha acabado de conhecer viriam a ser meus clientes algum dia. E isso acabou acontecendo.

A maior conta que já conquistei foi a da Shell. O pessoal de lá gostava do que eu havia feito para a Rolls-Royce a ponto de incluir minha agência na lista de agências a serem consideradas. Para cada uma, mandaram um questionário longo e minucioso.

Acontece que acho deplorável o hábito de selecionar agências por meio de questionário, e já joguei dezenas deles no lixo. Quando uma companhia chamada Stahl-Meyer me mandou um, respondi: "Quem é Stahl-Meyer?" Contudo, passei uma noite em claro escrevendo as respostas para o questionário da Shell. Minhas respostas foram mais sinceras do que de costume, mas achei que deveriam causar uma impressão favorável a Max Burns, um conselheiro da New York Philharmonic, que era então o presidente da Shell — se, pelo

Como conquistar clientes

menos, elas chegassem até ele. Na manhã seguinte, soube que ele fora para a Inglaterra, então voei para Londres e deixei uma mensagem no hotel em que ele estava hospedado, dizendo que gostaria de vê-lo. Por dez dias, não houve resposta. Eu estava quase perdendo a esperança, quando a telefonista me comunicou que o Sr. Burns queria que eu almoçasse com ele no dia seguinte. Eu já tinha marcado um almoço com o secretário de Estado para a Escócia, então escrevi uma nota e a enviei a Burns. Dizia o seguinte:

> Sr. Ogilvy vai almoçar com o secretário de Estado para a Escócia na Casa dos Comuns. Eles ficariam encantados se o senhor se juntasse a eles.

No caminho para a Casa dos Comuns — chovia a cântaros e repartimos um guarda-chuva —, tive oportunidade de passar a Burns a essência das minhas respostas ao questionário da empresa dele. De volta a Nova York, no dia seguinte, ele me apresentou ao homem que iria sucedê-lo na presidência, o notável Dr. Monroe Spaght. Três semanas depois, Spaght me telefonou e avisou que a conta era nossa. Fiquei tão deslumbrado com a notícia que minha impassibilidade me abandonou e pude apenas exclamar: "Deus nos ajude!"

A contratação pela Shell nos forçou a deixar de servir a Standard Oil de Nova Jersey. Eu gostava daquele pessoal e

*Confissões de um publicitário*

me orgulhava do papel que desempenhei ao convencê-los a manter o soberbo programa de televisão *Play of the Week*. David Susskind comentou na revista *Life* que "se existisse no Congresso uma Medalha de Honra para Negócios, este patrocinador deveria ganhá-la". No entanto, quase ninguém sabia que, para garantir o patrocínio desse programa, fui obrigado a ceder toda a minha comissão de 15% para a Lorillard, fabricante dos cigarros Old Gold e Kent. A Lorillard havia comprado antecipadamente uma cota no programa e a oferta de lhes conceder minha comissão (6 mil dólares por semana) persuadiu a empresa a ceder o lugar. Fiquei desapontado com a Jersey, que se recusou a compensar meu sacrifício. Nenhuma agência trabalha sem pagamento; em vista disso, transferi minha dedicação para a Shell.

Às vezes, cometo gafes desastrosas na busca de novos negócios. Quando conheci Sir Alexander H. Maxwell, presidente da British Travel & Holidays Association, precisávamos urgentemente de uma nova conta. Ele me esnobou de imediato.

— Nossa publicidade é boa, na verdade muito boa. Eu não tenho intenção alguma de trocar de agência.

— Quando Henrique VIII estava morrendo, acreditava-se que o homem que ousasse lhe contar a terrível verdade seria decapitado. Mas razões de Estado exigiam que fosse encontrado um voluntário e Henry Denny se apresentou. O rei ficou tão agradecido por sua coragem que lhe deu um

Como conquistar clientes

par de luvas e um título de nobreza. Sir Henry Denny foi meu ancestral. Seu exemplo me inspira a lhe dizer que *sua publicidade é muito ruim*!

Maxwell explodiu e nunca mais falou comigo. Pouco tempo depois, no entanto, ele nos entregou a conta da British Travel, com a condição de que eu não tivesse nenhuma participação nela, e por muitos anos meus companheiros tiveram que esconder o fato de que eu era o responsável por ela. Nossa campanha foi tão bem-sucedida que, em dez anos, o número de visitantes estadunidenses à Grã-Bretanha quadruplicou. Hoje, ela lucra mais com visitantes que qualquer outro país europeu, à exceção da Itália. "Para uma ilha pequena e úmida, isso é um belo e chocante sucesso", comentou o jornal *The Economist*.

No devido tempo, Sir Alexander Maxwell se aposentou, e eu pude sair do esconderijo. O homem que hoje se senta em sua cadeira é Lorde Mabane, um ex-ministro de Gabinete. Quando vou à Inglaterra, ele manda seu próprio carro me levar até Rye, onde vive na casa de Henry James. Certa feita, o motorista espantou minha esposa ao perguntar se ela não gostaria de chupar uma das suas *gomas*.[9]

---

9  Do inglês "gums"; chiclete fabricado pela Rowntree. A confusão foi causada graças à diferente entonação entre o sotaque britânico e o estadunidense. *[N. do T.]*

*Confissões de um publicitário*

Os clientes ingleses empregam assistentes esquisitos. O mordomo da casa de hóspedes da Rolls-Royce, perto de Derby, entrou em nosso quarto de dormir, durante uma manhã quente de verão, sem bater. Lá estava deitada minha mulher, em sono profundo. Ele encostou o rosto redondo no dela e gritou: "Ovos cozidos ou fritos, madame?"

A solicitação da conta da Armstrong Cork tomou um caminho bizarro. No começo, consegui almoçar com Max Banzhaf, o gerente de publicidade, no clube de golfe em que era sócio em Lancaster, Pensilvânia. Nossa mesa tinha vista para o campo de 18 buracos, e por duas horas Max me regalou com histórias de golfe. Seu conceito sobre publicitários parecia girar em torno da habilidade deles de bater em bolas de golfe. Compartilhava eu do seu amor pelo golfe?

Jamais estive em um campo de golfe antes, mas admitir isso naquele momento teria destruído minhas chances de conquistar a conta. Então, murmurei uma resposta evasiva, procurando dizer que eu não tinha muito tempo disponível. Max sugeriu que disputássemos um circuito ali mesmo, na hora. Argumentei que estava sem os meus tacos.

— Eu lhe emprestarei os meus!

Max, porém, aceitou gentilmente a desculpa seguinte que apresentei, que tinha algo a ver com a minha digestão. E, antes que eu fosse embora, explicou-me que o último empecilho restante ao êxito da minha solicitação estava no fato de que Henning Prentis, o *chairman* da empresa, era um velho e devotado amigo de Bruce Barton, cuja agência tivera monopólio da publicidade da Armstrong por quatro décadas. No dia seguinte, a sorte interveio em meu favor: a Sociedade Donegal me convidou para fazer uma palestra em sua reunião anual em uma das mais antigas igrejas presbiterianas dos Estados Unidos. Eu ia falar do púlpito, e o Sr. Prentis estaria na congregação. Meu sermão foi marcado para o dia 23 de junho, aquele dia maravilhoso de verão em que meu avô, meu pai e eu nascemos.[10]

Escolhi como tema o papel dos meus compatriotas na construção dos Estados Unidos, sem me referir *diretamente* a um certo escocês da Madison Avenue.

> Ralph Waldo Emerson e Thomas Carlyle saíram para passear em um campo da Escócia. Quando Emerson viu o solo árido em torno de Ecclefechan, perguntou a Carlyle: "O que vocês cultivam em uma terra como essa?"
>
> Carlyle replicou: "Nós cultivamos *homens*."
>
> Que classe de homens eles cultivam naquele pobre solo escocês? E o que acontece com eles quando vêm para os Estados Unidos?

---

10  Meu pai, certa feita, deu-me uma vantagem de 100 para 1, apostando que eu não continuaria esta notável série. Ainda não consegui.

*Confissões de um publicitário*

Eles trabalham duro. Eu cresci com o provérbio favorito do meu pai soando nos meus ouvidos: "Trabalhar com dedicação nunca matou um homem."

Patrick Henry era escocês, e John Paul Jones era filho de um jardineiro escocês. Allan Pinkerton veio da Escócia e criou o serviço secreto. Foi Pinkerton quem descobriu o primeiro complô para assassinar Lincoln, em fevereiro de 1861.

Trinta e cinco juízes da Suprema Corte dos Estados Unidos eram escoceses. E uma quantidade de industriais, inclusive um que tanto tem contribuído para a prosperidade e a cultura do nosso próprio Condado de Lancaster — o *Sr. Henning Prentis, da Armstrong Cork Company.*

Do meu ponto privilegiado no púlpito, pude observar a reação do Sr. Prentis a essa apóstrofe. Ele não me pareceu descontente, e algumas semanas depois concordou em transferir parte da conta da Armstrong para a nossa agência.

De todas as disputas de novos negócios em que me engajei, a que teve maior número de concorrentes foi a da United States Travel Service. Nada menos do que 137 agências entraram no ringue. Nossas campanhas para a Grã-Bretanha e Porto Rico haviam sido tão bem-sucedidas que estávamos qualificados com destaque para anunciar os Estados Unidos como destino turístico.

Eu almejava contagiar os companheiros europeus com a minha paixão pelos Estados Unidos. Passei a vida toda anunciando pasta de dente e margarina; que mudança bem-vinda seria anunciar os Estados Unidos!

Muitas das agências que competiam pela conta tinham influência política; eu não tinha nenhuma. Mesmo assim, fomos incluídos no grupo de seis agências finalistas e convidados a fazer uma apresentação em Washington. O secretário assistente de Comércio, William Ruder — na vida privada, um cidadão da Madison Avenue —, me submeteu a um exame implacável, que trouxe à tona o único ponto fraco na minha situação: a falta de filiais em países estrangeiros.

Depois de ter feito mais de cem apresentações de novos negócios, eu conseguia perceber, ao final de uma reunião, se tinha vencido ou perdido. Naquela tarde, eu sabia que tinha perdido, e voltei para Nova York sem esperanças. Dez dias se passaram e não houve notícia. Fui consolado por meus funcionários e fizemos apostas sobre qual dos nossos concorrentes iria vencer. Então, em uma manhã de sábado, fui despertado pela Western Union. O secretário de Comércio havia designado a Ogilvy, Benson & Mather para fazer a campanha "Visite os Estados Unidos" na Grã-Bretanha, na França e na Alemanha.

Esse foi o mais glorioso telegrama que recebi desde que a Universidade Oxford havia telegrafado a notícia da minha

*Confissões de um publicitário*

bolsa de estudos em Christ Church, trinta anos antes. Cada anúncio que escrevo para a United States Travel Service é uma carta singela de um imigrante agradecido.

Antes que nossa campanha fosse lançada, avisei ao Departamento de Comércio que ela estava sujeita a atrair críticas.

> Vai haver uma gritaria quando o primeiro anúncio for publicado. *Seja lá o que* o anúncio diga ou não diga, estaremos sujeitos a críticas. Sei disso pela longa experiência com a publicidade de turismo para a Grã-Bretanha.
>
> Mas, em última análise, nossa campanha só pode ser defendida ou atacada com base nos *resultados*.

A pesquisa revelou que o maior obstáculo era o fato de os europeus imaginarem que visitar os Estados Unidos era muito caro. Decidimos atacar o problema diretamente. Em vez de dizer de maneira imprecisa, inócua "Você pode viajar para os Estados Unidos por menos do que imagina", demos um número específico: 35 libras por semana. Chegamos a ele após uma cuidadosa verificação. Por exemplo: antes de decidir qual seria o preço mínimo razoável para um quarto de hotel em Nova York, mandamos uma das nossas redatoras checar as camas do Hotel Winslow, que cobra 6 dólares por noite. Ela as achou satisfatórias.

Como conquistar clientes

Mas os críticos acharam que 35 libras por semana era uma quantia demasiadamente baixa. Eles não estavam conscientes da realidade do problema:

(1) Sair da Europa costumava ser uma exclusividade para homens de negócios com despesas pagas e os muito ricos. Era de vital importância alargar o mercado atraindo turistas com recursos mais modestos. Fort Knox estava vazando ouro e era urgente a necessidade de divisas.

(2) Enquanto mais da metade das famílias nos Estados Unidos tem renda superior a 5 mil dólares, apenas 3% das famílias na Inglaterra têm renda dessa magnitude. Portanto, era muito importante tornar o nosso produto acessível a eles ao preço mais baixo possível — eles poderiam gastar mais, se quisessem.

(3) É melhor, argumentei, que europeus de renda média visitem os Estados Unidos, mesmo que tenham que economizar, do que deixem de vir; a emoção de ver Nova York, São Francisco e os grandes espaços abertos supera de longe quaisquer sacrifícios de economia. Os turistas estrangeiros trazem o dinheiro estrangeiro tão necessário, e a pesquisa mostra que quase todos voltam para casa com uma perspectiva favorável dos Estados Unidos.

*Confissões de um publicitário*

Nossos anúncios quebraram recordes de leitura quando apareceram nos jornais europeus e produziram tantas consultas que os escritórios de Londres, Paris e Frankfurt da U.S. Travel Service tiveram que trabalhar noite adentro.

Nossa campanha despertou uma avalanche de publicações editoriais talvez sem precedentes na história da publicidade.

O *Daily Mail* mandou seu principal repórter para os Estados Unidos. Na primeira matéria, ele escreveu:

> O presidente Kennedy convidou a mim — e a todos os outros milhões de europeus — para experimentar as novidades do turismo nos Estados Unidos e emitiu uma diretiva secreta para 180 milhões de estadunidenses para que fossem cordiais para conosco. Que outra explicação existirá para a desconcertante generosidade, a irresistível gentileza, a extrema cortesia que experimentamos a todo momento?

O *Daily Express* instruiu seu correspondente em Nova York a escrever uma série de artigos sobre o assunto. Um editorial no *Manchester Guardian* se referiu a nossos anúncios como "famosos", quando apenas três deles haviam aparecido. O *Handelsblatt*, o principal jornal de finanças da Alemanha, escreveu: "Esta é uma campanha confiável de verdade. A U.S. Travel Service lançou sua publicidade no mercado de

turismo da Alemanha Ocidental com o soar de trombetas."
"O bom pudim só se prova comendo." Oito meses depois de
iniciada a campanha, o tráfego de turistas franceses para os
Estados Unidos cresceu 27%; o de britânicos, 24%; e o de
alemães, 18%.

Em 1956, participei de uma aventura fora do comum: uma
solicitação em conjunto com outra agência. Ben Sonnenberg
persuadiu Arthur Fatt, da Grey, e a mim a solicitar a conta
da Greyhound Bus em conjunto. Sonnenberg especificou
que eu deveria levantar a imagem das viagens em ônibus,
enquanto a Grey deveria colocar os caipiras nas poltronas.
Fatt e eu voamos para São Francisco, onde o pessoal da
Greyhound Bus estava em convenção. Tão logo chegamos ao
hotel, ele me mostrou sua apresentação. Seu departamento
de pesquisa tinha penetrado o coração do problema, e os
redatores tinham desenvolvido um slogan que acertava bem
no alvo: "É confortável pegar um ônibus e deixar o trabalho
de dirigir para nós." Liguei imediatamente para o gerente de
publicidade da Greyhound Bus e o convidei a nos encontrar
no apartamento de Fatt.

"Arthur Fatt acaba de me mostrar a parte dele da nossa
apresentação conjunta. Nunca vi algo tão bom. Eu o aconselho a dar a conta inteira para a Grey. Para tornar sua decisão
mais fácil, estou voltando agora para Nova York."

*Confissões de um publicitário*

Em seguida, saí do apartamento, e a Grey foi indicada para a conta.

Nunca quis ter uma conta tão grande que não pudesse sobreviver à sua perda. No dia em que você o fizer, estará se obrigando a viver com o medo. Agências assustadas perdem a coragem de dar conselhos honestos. Perder essa condição é o mesmo que se tornar um escravo.

Foi isso que me levou a recusar o convite para disputar a conta do automóvel Edsel. Escrevi à Ford: "Sua conta representaria metade do nosso faturamento. Isso tornaria difícil mantermos nossa independência de aconselhamento." Se tivéssemos concorrido e ganhado a conta do Edsel, a Ogilvy, Benson & Mather teria entrado pelo cano junto com o automóvel.

Nós realizamos o penoso trabalho de selecionar clientes. É verdade que escolhemos alguns que ainda não nos escolheram, mas perseveramos na busca e rejeitamos uma média de 59 contas menos desejáveis todos os anos.

Em geral, não se diz que não existem agências de primeira classe à disposição. Por exemplo, quando os fabricantes de sabão reexaminaram 21 agências que os atendiam no total, restaram apenas duas que poderiam atender aos seus padrões de exigência.

Minha ambição é somar um cliente novo a cada dois anos. Um crescimento mais rápido poderia nos forçar a contratar

# Como conquistar clientes

pessoal mais depressa do que poderíamos treiná-los e a desviar boa parte do nosso inteligente serviço para com clientes atuais a fim de planejar as primeiras campanhas para os novos. Eu procuro contas que atendam a dez critérios:

(1) Devemos gostar e nos orgulhar do produto que vamos anunciar. Nas raras ocasiões em que trabalhamos com produtos de que não gostávamos, fracassamos. Um advogado pode ser capaz de defender um assassino que sabe ser culpado; um cirurgião pode se sentir capaz de operar um homem de quem não gosta; mas a isenção profissional não funciona na publicidade. Certo grau de comprometimento pessoal é exigido para que um redator possa vender um produto.

(2) Nunca aceito uma conta a menos que acredite que posso fazer um trabalho melhor que o da agência anterior. Quando o *New York Times* nos convidou para cuidar de sua publicidade, declinei, porque não achava que pudéssemos produzir anúncios melhores que aqueles, tão brilhantes, que vinham sendo publicados.

(3) Procuro ficar longe de produtos cujas vendas venham caindo por um período prolongado, pois isso quase sempre significa que existe uma fraqueza

*Confissões de um publicitário*

intrínseca no produto, ou que a administração da companhia é incompetente. Não há boa publicidade, em qualquer volume, que possa consertar qualquer dessas deficiências. Não importa quão esfomeada possa estar uma nova agência, ela deve ter autocontrole para rejeitar contas moribundas. Pode acontecer de um paciente morrer durante uma operação feita por um cirurgião com uma clínica estabelecida, mas toda a carreira de um jovem cirurgião pode ser arruinada por tal infortúnio. Eu vivia apavorado com a possibilidade de uma de nossas contas morrer na nossa mesa de operações.

(4) É importante descobrir se o cliente em perspectiva quer que a agência tenha lucro. Tive a péssima experiência de ajudar clientes a se tornarem multimilionários, enquanto perdia minha última camisa no serviço. O lucro médio das agências de publicidade é hoje menos da metade de 1%. Caminhamos sobre um fio de navalha colocado entre servir demais os nossos clientes e ir à falência ou subservi-los e sermos despedidos.

(5) Será possível criar uma publicidade notável a partir de uma conta sem condições de ser lucrativa? Nunca tivemos muito lucro com a Guinness ou com a Rolls-Royce, mas elas nos deram oportunidades de

ouro para demonstrar nossa excelência criativa. Não há meio mais rápido para colocar uma nova agência no mapa. O único perigo é que isso lhe dê uma reputação de desequilíbrio. O mundo dos negócios presume que, se uma pequena agência demonstra talento para criar grandes anúncios, deve ser fraca em pesquisa e em marketing. Dificilmente as pessoas acreditam que todos os departamentos sigam os altos padrões estabelecidos no mais bem-sucedido.

(Eu mesmo fui logo rotulado como um bom redator, mas um ignorante em todas as outras áreas. Isso me irritava, porque minha experiência anterior não era a redação, mas a pesquisa. Eu havia dirigido o Instituto de Pesquisa de Audiência para o Dr. Gallup.

O principal problema enfrentado pela maioria das agências é o de produzir boas campanhas. É fácil encontrar redatores, diretores de arte, produtores de televisão, mas o número de homens que conseguem orientar todo o resultado criativo de uma agência — talvez uma centena de novas campanhas a cada ano — se conta nos dedos de uma mão. Esses fenômenos raros, esses "cisnes que cantam", devem ter capacidade para inspirar um bando heterogêneo de escritores e artistas; eles têm que julgar campanhas de forma segura para uma grande variedade de produtos, ser bons apresentadores e ter uma disposição colossal para trabalhar noite adentro.

*Confissões de um publicitário*

Espalhou-se o rumor de que eu era uma dessas "aves raras" — e muitas agências grandes se interessaram em me contratar, mesmo que, para isso, fosse preciso absorver a minha agência inteira. Ao longo de três anos, recebi ofertas desse tipo da J. Walter Thompson, McCann Erickson, BBDO, Leo Burnett e de cinco outras agências. Se tivesse ocorrido a alguma delas acenar para mim com *ouro*, eu teria sucumbido. Mas todas cometeram o erro de achar que eu estava mais interessado no "desafio criativo", seja lá o que for isso.)

Uma reputação de "viés criativo" desqualifica uma agência para a conquista de grandes contas. Mas é um risco que se deve assumir, caso queira fugir do anonimato. Em 1957, a nossa agência começou a adquirir a reputação de ser forte em todos os departamentos depois de Esty Stowell se juntar a nós. Ele foi vice-presidente executivo da Benton & Bowles, amplamente reconhecida como a melhor agência na área de marketing. Ele era o símbolo de que precisávamos para contrastar com minha reputação de simples redator, além de um homem muito competente. Com um suspiro de alívio, lhe passei a administração de todos os departamentos da agência — exceto os criativos. Daí por diante, nossa agência começou a crescer em índices maiores.

(6) O relacionamento entre um empresário e sua agência de publicidade é quase sempre tão íntimo quanto o relacionamento entre um paciente e seu médico. Assegure-se de que você pode conviver feliz com o cliente antes de aceitar a conta.

Quando um cliente em potencial vem me visitar pela primeira vez, começo tentando descobrir por que ele quer mudar de agência. Se eu suspeito que ele tenha sido dispensado, procuro por mais informações em sua agência anterior. Recentemente, descobri na última hora que um cliente em potencial tinha sido dispensado: a agência anterior me contou que aquele caso era para um psiquiatra, não uma agência.

(7) Evito clientes para quem a publicidade é apenas um fator marginal do *marketing mix*. Eles têm uma desagradável tendência a lançar mão dos seus orçamentos de publicidade toda vez que precisam de dinheiro para outros propósitos. Prefiro clientes para quem a publicidade é o sopro da vida. Assim, sentimos que estamos atuando no coração dos nossos clientes, e não em sua periferia supérflua.

Em geral, as contas mais lucrativas são as de produtos de baixo preço unitário, uso universal e compra frequente. Eles geram grandes orçamentos e mais oportunidades para testes do que os produtos duráveis de alto preço.

*Confissões de um publicitário*

(8) Nunca pego *novos* produtos antes que tenham saído do laboratório, a menos que estejam incluídos em um grupo com outro produto que já tenha alcançado distribuição nacional. Sai mais caro para uma agência conduzir um produto por meio dos mercados-teste do que manejar um produto desenvolvido, e oito entre cada dez novos produtos morrem nos mercados-teste. Com uma margem de lucro de *meio por cento*, não podemos nos arriscar.

(9) Se você aspira a produzir grande publicidade, nunca aceite *associações* como clientes. Há alguns anos, fomos convidados a participar da concorrência pela conta da Associação dos Fabricantes de Raiom. Apresentei-me pontualmente na sede e fui conduzido a uma imponente sala de reuniões.

"Sr. Ogilvy", disse o *chairman*, "estamos entrevistando algumas agências. Temos exatamente 15 minutos para ouvir a sua exposição. Então, tocarei esta campainha e o representante da outra agência, que já está esperando lá fora, irá sucedê-lo".

Antes de entrar na minha proposta, fiz três perguntas:

"Quantos usuários finais de raiom devem ser atendidos pela campanha?" Resposta: "Pneus para automóveis, fabricantes de móveis, produtos industriais, roupas femininas, roupas masculinas."

# Como conquistar clientes

"Qual é a verba disponível?" Resposta: "É de 600 mil dólares."

"Quantas pessoas devem aprovar os anúncios?" Resposta: "Os 12 membros do comitê, representando 12 fabricantes."

"Toque a campainha", disse eu, e dei o fora.

Estas são as condições que prevalecem na maioria das contas de associações: muitos patrões, muitos objetivos, muito pouco dinheiro.

(10) Às vezes, um cliente em potencial lhe oferece um negócio, com a condição de que você contrate um indivíduo que ele acredita ser indispensável para a administração de sua publicidade. Agências que entram nesse jogo acabam com uma tripulação de politiqueiros que debocham do seu grupo de planejadores, ignoram o diretor de criação e chantageiam sua administração. Algumas vezes, já contratei profissionais competentes com a condição de que não trouxessem consigo as contas que controlavam.

Por mais cuidadoso que você seja ao investigar o passado de clientes em potencial, é quase impossível descobrir como eles se qualificam em todos esses itens, *até que você os encontra pessoalmente*. Então, você se percebe em uma posição delicada, ao mesmo tempo vendendo sua agência e extraindo daquele possível cliente informação suficiente sobre ele e o seu produto, para decidir se quer mesmo a conta. É mais proveitoso escutar do que falar.

No início, cometi muitas vezes o engano de não demonstrar suficiente entusiasmo pela conta que estava solicitando. O meu estilo era muito acanhado. Quando Ted Moscoso, o brilhante presidente da *Operação Bootstrap* em Porto Rico, veio me visitar pela primeira vez, saiu com a impressão de que eu era indiferente se ele nos contratasse ou não. Levei muito tempo para convencê-lo de que eu queria realmente trabalhar para Porto Rico.

Pouco depois da nossa nomeação como agência de Porto Rico, escrevi a Moscoso:

> Temos que promover uma imagem adorável de Porto Rico em vez da imagem esquálida que hoje existe na mente da maioria dos cidadãos do país. Isso é de suma importância para o desenvolvimento industrial, a indústria de rum, o turismo e a evolução política.
>
> O que *é* Porto Rico? Qual a personalidade dessa ilha? Que rosto deseja mostrar ao mundo? Será Porto Rico nada mais do que um país atrasado, nas dores do parto da sua revolução industrial? Deve continuar sendo o que Max Ascoli chama de "a formosa ilha

dos *New Dealers*"? Está no processo de se tornar uma Norte Filadélfia moderna? Ou existe uma alma viva dentro do corpo de sua economia?

Será destino de Porto Rico ser invadido por turistas vulgares e se transformar em uma Miami Beach de segunda classe? Terão os porto-riquenhos esquecido sua herança espanhola em uma corrida louca para provar o quanto foram influenciados pelos Estados Unidos?

Essas tragédias iminentes não precisam acontecer. Uma das maneiras mais seguras de preveni-las é começar uma campanha de publicidade de longo prazo, que apresentará Porto Rico ao mundo com a imagem que nos inspira a todos — a imagem de *Porto Rico renascido.*

Ted Moscoso e o governador Muñoz aceitaram essa recomendação. Lançamos a campanha, que ainda é publicada, nove anos depois. Ela teve efeito profundo sobre os destinos de Porto Rico. É, acredito, o único exemplo de campanha de publicidade que mudou a imagem de um país. Certo dia, em 1959, Moscoso e eu estávamos almoçando com Beardsley Ruml e Elmo Roper no Century. Ao me acompanhar até o meu escritório, disse Moscoso: "David, você vem fazendo a publicidade de Porto Rico há cinco anos. Esta tarde vou telefonar para todos os seus demais clientes e convidá-los para

*Confissões de um publicitário*

se juntar a mim em uma proposta: se você parar de solicitar novos clientes, prometemos jamais dispensá-lo. Não gostaria de devotar toda a sua energia para os clientes que já tem e parar de gastar seu tempo em perseguir novos clientes?"

Fiquei seriamente tentado a aceitar essa proposta. Conquistar novos clientes é excitante, mas cada um deles aumenta a minha carga de trabalho; oitenta horas por semana já bastam. Entretanto, meus parceiros mais jovens tinham fome de novos desafios. Além disso, até as melhores agências perdem clientes. Às vezes, isso acontece porque eles vendem as suas companhias; em outras, contratam tiranos para administrar a publicidade, e eu me nego a servir aos tiranos. Então, se você para de adicionar novos clientes, entra em um processo de hemorragia mortal. (Mas isso não significa que você deva seguir o exemplo de Ben Duffy. Quando presidente da BBDO, ele aceitava qualquer conta nova que lhe oferecessem e acabou com 167; a pressão quase o matou. Stanley Resor era o oposto. Em seu primeiro ano como líder da J. Walter Thompson, abriu mão de cem contas, anõezinhos não lucrativos. Esse foi seu primeiro passo no processo de tornar a J. Walter Thompson a maior agência do mundo.)

*Nem sempre* a postura de entusiasmo é a melhor para levar à vitória. Rejeitei cinco ou seis vezes contas que não se adequavam às nossas qualificações, apenas para descobrir que o ato de rejeição inflamara o desejo dos clientes de

Como conquistar clientes

contratar nossa agência. Quando um famoso fabricante de relógios suíços nos ofereceu sua conta, declinamos, porque a publicidade deles tinha que ser aprovada não apenas pelo quartel-general na Suíça, mas também pelo importador estadunidense. Nenhuma agência de publicidade pode servir a dois senhores. Mas, em vez de declinar diretamente, eu disse que aceitaríamos a conta se nos pagassem 25% em vez da comissão habitual de 15%. O cliente prontamente concordou.

Às vezes, um fabricante em busca de nova agência informa à imprensa o nome das que está considerando. Sempre que isso acontecia, eu abandonava a disputa; não é inteligente se arriscar a ser derrotado *publicamente*. Gosto de vencer em público, mas de fracassar em segredo.

Evito concorrências em que mais de quatro outras agências estão envolvidas. O ritual do namoro competitivo requer uma série de longas reuniões. Uma agência "quente" acaba entrando na lista de compras de quase todos os clientes em potencial, e é muito fácil gastar o tempo do seu melhor pessoal. Temos outros peixes para fritar, os peixes dos nossos clientes atuais.

O namoro mais desejável é aquele em que nenhuma outra agência está envolvida. Isso está ficando cada vez mais raro, porque os executivos das corporações parecem achar estúpido contratar uma nova agência sem comparar os méritos das outras. No Capítulo IV, ofereço aconselhamento grátis sobre a maneira correta de selecionar uma nova agência.

*Confissões de um publicitário*

A maioria das agências manda grandes delegações para apresentar sua proposta. Geralmente, o chefe da agência delega a apresentação a uma série de subordinados, que fazem discursos intermináveis. Sempre preferi fazer eu mesmo a apresentação. A escolha final da agência é feita quase sempre pelo líder da companhia-cliente. E eles devem ser convencidos pelos líder da agência.

Descobri também que frequentes mudanças de orador levam à confusão com as outras agências que estão competindo pela conta. Orquestras se parecem, mas ninguém confunde os maestros. Quando fomos convidados a solicitar a Sears, Roebuck, enfrentei sozinho o comitê de diretores. Corporações sofisticadas quase sempre ficam decepcionadas com um monte de gente. As agências com melhores resultados em novos negócios se apoiam no seu líder para fazer performances solo. (Quando se consideram as personalidades repulsivas de muitos desses solistas, é forçoso concluir que a *singularidade* é um ingrediente importante na conquista de contas.)

Sempre revelo aos clientes quais são os pontos fracos em nossa armadura. Percebi que, quando um vendedor de antiguidades chama a minha atenção para as falhas em uma peça de mobília, ele conquista a minha confiança.

Quais são as nossas rachaduras? Estas são as duas mais importantes:

Não temos Departamento de Relações Públicas. A minha opinião é que relações-públicas devem ser manejadas pelo próprio anunciante ou por um consultor/especialista.

Jamais produzimos um comercial espetacular de televisão. Tenho fobia por tais extravagâncias; com raras exceções, custam caro demais em relação ao tamanho da audiência que conquistam.

Por mais que tenha tentado, nunca fui capaz de espaçar a aquisição de novas contas em intervalos convenientes. Por meses e meses, nada acontece e começo a me preocupar se algum dia voltaremos a conquistar uma nova conta. Minha equipe fica abatida. Aí, conquistamos três belezas em rápida sucessão, e a carga de trabalho urgente se torna insuportável. A única solução é montar uma lista de espera dos clientes em potencial e admiti-los um por um, em momentos de nossa própria escolha. Este dia ainda chegará!

# III

## Como manter clientes

A crise dos sete anos não é exclusividade dos casamentos. Ela também aflige o relacionamento entre agências de publicidade e seus clientes. O cliente médio muda de agência uma vez a cada sete anos. Ele se *cansa*, tanto quanto um *gourmet* enjoa do repertório de um *chef*.

Conquistar uma nova conta é uma experiência inebriante, mas perder uma é o inferno. Como convencer seus outros clientes a não o dispensar também?

Vi duas grandes agências entrarem em colapso depois que a saída de um cliente provocou uma "corrida ao banco". É um espetáculo deprimente.

*Confissões de um publicitário*

Como fica a consciência do presidente de uma agência que sabe que o cliente quis sair por causa dele? Como pode ele, dentro de um padrão de decência, demitir as pessoas que trabalhavam na conta e que deram o máximo para superar a estupidez dele próprio? Alguns desses funcionários podem ter um raro talento, e ele poderá precisar deles em uma conta futura. Terá ele condições de conservá-las? Geralmente, não. Já vi agências demitirem até cem pessoas com a saída de uma conta, e algumas já tinham uma idade avançada e não conseguiriam outro emprego. Essa é uma das razões para as agências terem de pagar salários tão altos. Excluído o teatro, a publicidade é provavelmente a mais insegura de todas as carreiras.

Se você aspira a administrar uma agência, aceite que estará sempre andando na borda de um precipício. Se você é um inseguro por natureza, uma pessoa que se assusta fácil, *ai de você*! Vai se meter em uma vida difícil.

Invejo meus amigos médicos. Eles têm tantos pacientes que a perda de um deles não os arruinará. Além disso, tal perda não será noticiada nos jornais, para que todos os outros pacientes leiam.

Também invejo os advogados. Eles podem tirar férias, seguros de que outros advogados não farão amor com seus clientes. Agora que construí um portfólio de 19 excelentes clientes, desejaria que fosse aprovada uma lei tornando ilegal que outras agências fiquem atrás delas. Na Suécia, as grandes agências conquistaram uma lei desse tipo. Uma deliciosa restrição de mercado.

Existem certas medidas que você pode tomar para reduzir a rotatividade. A primeira, e mais importante, é dedicar os melhores cérebros aos clientes, em vez de desviá-los para ir atrás de clientes novos. Sempre proibi meus executivos de contas de caçar novos clientes, porque isso os corrompe, como se apostassem em corridas de cavalo. Eles começam a negligenciar os clientes atuais, e a porta da rua começa a se abrir.

A segunda medida é evitar a contratação de executivos instáveis e com tendências à discussão. A Madison Avenue está cheia de masoquistas que provocam os próprios clientes, de forma inconsciente, a rejeitá-los. Conheço homens brilhantes que perderam todas as contas que tinham. Também conheço indivíduos comuns, que não eram importantes, e que, surpreendentemente, tinham o talento para criar relacionamentos calmos e estáveis entre agência e clientes.

A terceira medida é evitar a conquista de clientes que costumam demitir agências a intervalos curtos. Você pode até pensar que será capaz de curá-los dessa instabilidade, mas as probabilidades estão contra você.

A quarta medida é manter contato com todos os escalões do cliente. Isso está se tornando cada vez mais difícil, uma

*Confissões de um publicitário*

vez que os grandes anunciantes empilham nível sobre nível — assistentes de gerentes de produto se reportando a gerentes de produto, que se reportam a chefes de divisão, que se reportam a vice-presidentes de marketing, que se reportam a vice-presidentes executivos, que se reportam a presidentes, que se reportam ao *chairmen*, com uma bateria de consultores, comitês e pessoal atormentando a agência por todos os lados.

Virou moda para a maioria dos *chairmen* e presidentes de corporações se isolarem das agências.

Eles ainda tomam as decisões mais importantes quando o assunto é publicidade, mas nunca encontram o pessoal da agência cara a cara. Os lacaios são, em geral, incompetentes e não servem como intermediários.

Gerentes de publicidade muitas vezes citam os próprios presidentes como se estes tivessem expressado tolices que eu sei que estes jamais teriam dito. Não tenho dúvida de que os mesmos presidentes ouvem que eu expressei algumas bobagens. Você é dispensado sem saber por quê.

Isso me lembra uma história contada durante a Primeira Guerra Mundial. Um major de brigada mandou uma mensagem verbal da linha de frente para o quartel-general. A mensagem era: "Mande reforços, vamos avançar." Quando chegou ao quartel-general, repetida de boca em boca por todos os níveis, ela estava assim: "Mande uns moços, vamos dançar."

Uma das razões para o pessoal da cúpula nas grandes corporações querer manter essa distância é que o negócio da publicidade os desagrada como um todo. Parece algo muito difícil de compreender... Quando constroem fábricas, lançam ações ou compram matérias-primas, sabem o que estão obtendo. As propostas lhes são apresentadas preto no branco, com todos os fatos e cifras de que necessitam para justificar sua decisão perante os acionistas. Mas a publicidade é ainda uma especulação, algo impreciso. Como se queixava o primeiro Lorde Leverhulme (e John Wanamaker, mais tarde): "Metade do dinheiro que gasto em publicidade é desperdiçado... e o problema é que eu não sei qual metade."

Industriais que se desenvolveram em funções de produção, contabilidade ou pesquisa costumam suspeitar do pessoal de publicidade, porque estes são articulados até demais. Acredito ser por isso que alguns simplórios desarticulados foram tão bem-sucedidos como presidentes de agências: eles fazem os clientes se sentirem à vontade.

Outra medida para reduzir o risco de perder contas é adotar minha política de *geladeira*. Tão logo o cliente aprove uma nova campanha, comece a criar outra e a coloque em mercado-teste. Assim, você estará preparado, com uma bala na agulha, se a primeira campanha fracassar ou cair no desagrado da diretoria do cliente por qualquer razão subjetiva. Essa preparação incansável diminuirá seus lucros e deixará seus criadores nervosos, mas prolongará a permanência das contas.

*Confissões de um publicitário*

Sempre busquei me sentar no mesmo lado da mesa que meus clientes para ver os problemas da perspectiva deles. Compro ações de suas empresas para poder pensar como um membro da família. Quando possuo uma visão *total* do negócio, estou mais capacitado a acertar nos meus conselhos. Se me elegessem como membro do conselho diretor, seria ainda mais fácil me identificar com seus interesses.

\*\*\*

Não é raro jovens ansiosos e ambiciosos terem a brilhante ideia de combinar dois clientes em uma operação conjunta. Eles até sugerem a um cliente montar um concurso e oferecer como prêmio o produto de outro; ou que dois clientes compartilhem o mesmo anúncio. Essas "dobradinhas" podem ser perigosas para a agência; quase sempre um dos clientes vai achar que ficou com a parte ruim da fruta. Ao tentar arbitrar disputas entre clientes, você pode acabar com um olho inchado. Eu me eduquei para manter meus clientes isolados. A única vez que o presidente da Hathaway encontrou o presidente da Schweppes foi quando eles resolveram comprar um Rolls-Royce na mesma manhã. Nunca digo a um cliente que não posso comparecer à sua convenção de vendas porque tenho um compromisso já agendado com outro cliente; o êxito da poligamia depende de fingir para cada esposa que ela é a única sereia da sua praia. Se um cliente me pergunta quais

Como manter clientes

os resultados da campanha de outro, mudo de assunto. Isso talvez o aborreça, mas, se eu lhe der esse tipo de informação, a conclusão dele é que eu seria igualmente indiscreto com os segredos *dele*. Uma vez que um cliente perde a confiança na sua discrição, você está perdido.

Às vezes, um cliente contrata um gerente de publicidade tão incompetente que você se vê obrigado a denunciá-lo. Só fiz isso duas vezes em 15 anos. Em um caso, o homem era um psicótico que eu havia demitido seis meses antes. Em outro, tratava-se de um mentiroso patológico.

Clientes mais razoáveis parecem considerar nosso dever alertá-los quando detectamos um elo fraco na corrente de comunicação entre sua alta administração e a nossa. Certa vez, fui repreendido por um cliente por não ter avisado de que nosso executivo de atendimento era quem escrevia os planos de marketing do seu gerente de produtos.

Clientes não hesitam em "queimar" executivos de contas. Às vezes, eles têm razão; em outras, não. Em qualquer caso, é melhor para todos os envolvidos que a vítima seja transferida para outro trabalho, e fazê-lo antes que a fumaça se transforme em chamas e destrua todo o relacionamento cliente-agência.

Um dos mais brilhantes colegas que já tive foi "queimado" por três clientes em um só ano; a experiência o magoou de tal

*Confissões de um publicitário*

forma que ele abandonou a publicidade para sempre. Se você não consegue resistir a esses perigos, evite trabalhar como executivo de atendimento de uma agência de publicidade.

\*\*\*

Uso sempre os produtos dos meus clientes. Isso não é bajulação, mas boas maneiras elementares. Quase tudo que consumo é fabricado por um cliente meu. Minhas camisas são Hathaway, meus castiçais são Steuben. Meu carro é um Rolls-Royce, e seu tanque está sempre cheio de Shell Super. Meus ternos são feitos pela Sears, Roebuck. No café da manhã, tomo café Maxwell House ou chá Tetley e como duas torradas Pepperidge Farm. Tomo banho com Dove, uso desodorante Ban e acendo o meu cachimbo com um isqueiro Zippo. Depois do pôr do sol, só bebo rum de Porto Rico e Schweppes. Leio revistas e jornais impressos em papel proveniente das fábricas da International Paper. Quando saio de férias para a Grã-Bretanha ou Porto Rico, faço minhas reservas pelo American Express e viajo pela KLM ou P&O--Orient Lines.

E por que não? Eles são ou não são os melhores produtos e serviços do mundo? Acho que são — e é por isso que faço a publicidade deles.

Quando um cliente contrata nossa agência, é porque decidiu que ela era a melhor do que pode dispor. Seus assessores

Como manter clientes

chegaram a essa decisão depois de um profundo estudo do que temos a oferecer. Mas, à medida que o tempo passa, novos assessores chegam. Sempre que isso acontece, é nosso dever convencê-los de que o antecessor estava certo ao nos selecionar. Ele deve ser tratado como se fosse um cliente novo a ser conquistado.

Com as grandes corporações, esse processo de revender a agência nunca acaba. Toma tempo e é fatigante, mas de vital importância. A ameaça constante à estabilidade do relacionamento agência-cliente é constante.

O maior perigo que pode acontecer a uma agência é depender de uma simples ligação pessoal com a empresa do cliente. Se o presidente de uma grande organização industrial contrata uma agência por gostar do presidente desta, medidas imediatas devem ser tomadas para criar laços em níveis inferiores. A estabilidade da conta só será alcançada quando a agência estiver ligada ao cliente em *todos* os níveis.

Não acredito em restringir os contatos com o cliente ao nível dos executivos de contas. O melhor é que todos os departamentos — pesquisa, mídia, redação, arte, produção de televisão, merchandising etc. — conheçam o cliente. Isso, às vezes, provoca situações cômicas, porque o nosso pessoal da "cozinha" nem sempre se notabiliza pelo tato, e alguns deles são inexpressivos em termos pessoais. É preciso que o cliente

*Confissões de um publicitário*

consiga reconhecer que o sujeito acanhado de língua presa da agência pode ser capaz de escrever um comercial que vai duplicar suas vendas.

\*\*\*

Imagine um médico tendo que contar que um paciente está com uma doença séria. É igualmente difícil dizer a um cliente que seu produto tem uma falha grave. Conheci clientes que reagem pior a essa franqueza do que reagiriam a uma crítica ao próprio cônjuge. O orgulho que um fabricante tem do seu produto quase sempre o deixa cego para suas limitações. Mas sempre chega o dia, na vida de todo publicitário, em que é necessário enfrentar esse "pepino". Confesso que não sou muito bom nisso. Quando disse a um cliente que tinha dúvidas sobre a consistência de seu espaguete, a reação dele foi questionar se eu seria capaz de fazer um bom trabalho para um produto de que não gostava. Perdemos a conta. Entretanto, tenho observado que, cada vez mais, clientes tendem a receber bem a franqueza, em especial quando é baseada nos resultados de pesquisa junto ao consumidor.

O líder de uma agência tem tanto para fazer que só consegue se encontrar com clientes em tempos de crise. Isso é um erro. Criar o hábito de visitar o cliente quando o clima é de bonança estabelecerá um relacionamento fácil, que poderá salvar ser um bote salva-vidas quando cair uma tempestade.

# Como manter clientes

É importante admitir seus erros e fazê-lo antes que seja acusado deles. Muitos clientes estão cercados por gente de caráter fraco, que pratica a fina arte de culpar a agência pelas próprias falhas. Aproveito a primeira oportunidade que surge para assumir a culpa.

***

Pensando bem, já dispensamos três vezes mais clientes do que fomos dispensados. Não admito que o meu pessoal seja torturado por tiranos e não publicarei uma campanha ditada por cliente algum, a menos que acredite que seja válida. Quando você permite essas coisas, expõe ao perigo a reputação criativa da agência, que deve ser o seu patrimônio mais valioso. Em 1954, cometi esse grande erro. Meu amigo Jerry Babb, da Lever Brothers, insistia para que eu anunciasse na mesma peça o velho sabão em pó Rinso e o novo Rinso Blue detergente. A experiência já tinha me ensinado que não valia a pena conjugar dois produtos em um só anúncio, em especial quando um deles é novo e o outro se tornou obsoleto. Pior, Jerry me instruiu a injetar um toque engraçado e extravagante na campanha.

Por algumas semanas, tentei convencê-lo a fazer o tipo de campanha séria que tinha sido bem-sucedida para o Tide e outros detergentes, mas nada adiantou. Sinais de tempestade surgiram no horizonte. O principal assistente dele me advertiu de que eu poderia perder a conta se não fizesse como Jerry queria. Capitulei. Custou-me duas horas — e meia garrafa de rum de Porto Rico — escrever o texto mais idiota da história da publicidade. Era em verso, para ser cantado com a música de *Boys and Girls Come Out to Play*:

> *Rinso White or Rinso Blue?*
> *Soap or detergent — it's up to you!*
> *Both wash whiter and brighter than new,*
> *The choice, dear lady, is up to you!*[11]

Esses versinhos horrorosos foram devidamente publicados. Passei mais vergonha do que podia suportar. Até os meus funcionários acharam que eu havia enlouquecido. O pessoal da Lever Brothers concluiu que eu não tinha a menor ideia do tipo de publicidade exigida para persuadir donas de casa a comprar um detergente. Fomos dispensados seis meses depois, e merecemos isso.

Só que o prejuízo não terminou por aí. Por alguns anos, foi impossível conseguir que qualquer profissional sério de marketing entrasse na Ogilvy, Benson & Mather, antes que eu lhe explicasse que minha opinião sobre a campanha idiota

---

11 Rinso Branco ou Rinso Azul? / Sabão em pó ou detergente — você é quem decide! / Ambos deixam mais branco e mais brilhante que roupa nova, / A escolha, minha cara senhora, é sua! *[N. do T.]*

# Como manter clientes

para o Rinso era tão baixa quanto a dele. O episódio me ensinou que não vale a pena nos curvarmos à vontade dos clientes quando os assuntos são estratégicos. Um *Munich*[12] foi suficiente.

Também dispenso contas que não são lucrativas para a minha agência. Isso aconteceu com a Reed & Barton. Nossas comissões não eram suficientes para pagar pelos serviços exigidos. Roger Hallowell, que administrava esse excelente e antigo negócio de família, não estava disposto a cobrir os prejuízos que sofríamos. Eu gostava de Roger e de todos na Reed & Barton, mas não estava a ponto de ter prejuízo com o negócio. Creio que eles cometeram um erro ao permitir que renunciássemos à conta; contribuímos e muito para seus lucros, mostrando-lhes como pré-testar novos modelos de talheres de prata. Lançar um novo modelo custa 500 mil dólares, e nenhum executivo masculino pode prever os padrões que agradarão às jovens noivas.

Também abro mão de contas quando perco a confiança no produto. É muita desonestidade um publicitário incitar os consumidores a comprarem um produto que ele mesmo — ou alguém da sua família — não compraria.

\*\*\*

---

12 Trata-se da resignação do primeiro-ministro inglês Chamberlain perante Hitler, pouco antes da Segunda Guerra Mundial. *[N. do T.]*

*Confissões de um publicitário*

Frank Hummert, que sucedeu a Claude Hopkins como chefe dos redatores na Lord & Thomas e fez fortuna como inventor das novelas radiofônicas, me disse certa vez: "Todos os clientes são *porcos*, você pode começar pensando de maneira diferente, mas acabará mudando de ideia."

Essa não tem sido a minha experiência. Conheci vários porcos e os mandei embora — mas foram exceções. Em geral, amei os meus clientes. Se não tivesse me tornado agente de publicidade de Ted Moscoso, o grande porto-riquenho que veio a ser embaixador na Venezuela e líder da Aliança para o Progresso, jamais teríamos nos tornado amigos. Se eu não tivesse conquistado a conta da Steuben Glass, jamais teria me tornado amigo de Arthur Houghton. Foi um grande dia quando descobri que havia conquistado como cliente o mais destacado patrono de artistas contemporâneos na história do ramo, uma autoridade eminente em livros raros e o mais imaginativo dos filantropos.

Minha lista de clientes que se tornaram grandes amigos é longa. Ellerton Jetté, da Hathaway, me ajudou muito ao promover a minha eleição para o Comitê de Curadores do Colby College. Sir Colin Anderson, da P&O-Orient Lines, é o único cliente que tive que é perito tanto em dança como em bordados escoceses. Já o comandante Whitehead, da Schweppes, começou como cliente e se tornou um de meus companheiros mais íntimos. Enfrentamos um naufrágio

# Como manter clientes

juntos, e nossas esposas se consolam comparando impressões sobre as vaidades dos seus maridos.

Helena Rubinstein sempre me fascinou. Essa delgada beleza polonesa começou a carreira na Austrália, no século XIX, e teve um lucro de 30 mil libras aos 18 anos de idade. Na época em que me conheceu, havia se tornado uma matriarca, controlando companhias pelo mundo inteiro. Como profissional, ela é um terror, mas tem também um irresistível senso de humor. Eu a vi se sacudindo de tanto gargalhar uma centena de vezes, a ponto de lágrimas rolarem por seu rosto, no meio de reuniões terrivelmente sérias. Como amiga, ela é uma combinação encantadora de alegria e generosidade.

Outro aspecto que admiro em madame Rubinstein é a ausência de afetação; sua aparência natural é notável, e nenhuma ostentação é necessária. Isso é o que Graham Sutherland captou no retrato que fez dela.

\*\*\*

Algumas agências se deleitam com a moda de fazer tudo em comitê. Vangloriam-se do trabalho em grupo e depreciam o papel do indivíduo. Mas uma *equipe* não pode escrever um anúncio, e duvido que exista uma só agência de alguma importância que não seja a projeção da sombra de um homem.

Clientes, às vezes, me perguntam o que aconteceria com nossa agência se eu fosse atropelado por um táxi. Ela mu-

*Confissões de um publicitário*

daria. Quando o senador Benton e o governador Bowles se retiraram, a agência deles mudou — para melhor. A J. Walter Thompson sobreviveu à partida do sr. Thompson. McCann-Erickson teve sua glória depois que Harry McCann se aposentou. Mesmo a aposentadoria de Raymond Rubicam, o melhor presidente de agência da história, não conseguiu deter o progresso da Young & Rubicam.

\*\*\*

Tal como uma parteira, ganho a vida trazendo bebês para o mundo. Só que os meus são campanhas de publicidade. Uma ou duas vezes por semana, entro em nossa "sala de parto" e presido o que chamamos de "apresentação". Essas cerimônias apavorantes são assistidas por seis ou sete companheiros e pelos notáveis da família oficial do cliente. A atmosfera é carregada de eletricidade. O cliente sabe que precisa aprovar uma campanha que lhe custará milhões. A agência investiu muito tempo e dinheiro para preparar a proposta.

Na minha agência, ensaiamos sempre nossas apresentações perante o nosso Comitê de Planejamento, onde os nossos senadores mais experientes têm acesso. Eles são críticos mais severos que qualquer cliente que eu já conheci. Suas críticas são expressas na linguagem mais dura. Uma vez que uma campanha tenha passado por tal exame rigoroso, ela será boa. Por mais bem-documentada que possa estar a nossa

# Como manter clientes

apresentação, por mais que os nossos planejadores tenham examinado as realidades do marketing e por mais que nossos redatores tenham feito um trabalho brilhante, coisas horríveis podem acontecer. Se a apresentação começa de manhã, talvez o cliente esteja de ressaca. Numa ocasião, cometi o erro de apresentar uma nova campanha para Sam Bronfman, da Seagram, depois do almoço. Ele caiu em sono profundo e despertou com um humor tão venenoso que rejeitou a campanha na qual vínhamos trabalhando havia vários meses.

Bronfman detestava a praxe adotada por muitas agências de usar vários porta-vozes para as apresentações. Eu também. A atenção da plateia vai se dispersar menos se apenas um homem fizer o discurso. Deve ser o advogado mais persuasivo disponível e estar tão profundamente envolvido no assunto para enfrentar o mais minucioso dos exames. Faço mais apresentações do que a maioria dos presidentes de agências, em parte porque me julgo um bom advogado, em parte porque acredito não existir melhor forma de mostrar ao cliente que o chefe da agência está pessoalmente envolvido em seus assuntos. Duvido que qualquer advogado gaste as noites como eu gasto me preparando para as apresentações que se sucedem umas às outras com implacável regularidade.

Vale a pena se dedicar na preparação dos planos apresentados aos clientes. Eles devem ser escritos com o máximo de clareza e o mínimo de maneirismo. Devem ser amarrados com fatos irrefutáveis.

*Confissões de um publicitário*

Mas ainda existem alguns clientes que não gostam que a agência apresente os anúncios no contexto de um plano bem-documentado. Adoram avaliar os layouts no vácuo, como se estivessem selecionando quadros para uma exposição. Sir Frederick Hooper, da Schweppes, é um desses. Ele se aborreceu na primeira vez que lhe apresentei um plano de marketing. Esperava uma meia hora divertida de crítica literária e se viu submetido a uma recitação tediosa de fatos. Na página 19 da apresentação, cheguei a uma estatística que contradizia uma das suas definições básicas. "Ogilvy", trovejou ele, "a sua abordagem estatística da publicidade é positivamente *infantil*".

Fiquei imaginando que efeito tal comentário teria sobre os estatísticos que haviam preparado o plano. Controlei meu ímpeto, e, cinco anos depois, Sir Frederick fez uma *amende honorable*, convidando-me a falar para uma convenção de publicidade que ele presidia. Ele sugeriu que o tema fosse uma conclusão a que chegara recentemente: "No fim, os clientes são gratos aos publicitários que lhes dizem a verdade."

Nessa época, as vendas da Schweppes nos Estados Unidos tinham crescido 517%. E vivemos felizes para sempre.

Outro cliente que não gostava de ser confundido com fatos se queixou com a maior gravidade: "David, o problema com a sua agência é que ela tem muita gente com mentes objetivas."

114

Como manter clientes

\*\*\*

O melhor instrumento já criado para explicar planos complicados a comitês é o cavalete de *flip-charts*, que o apresentador lê em voz alta. Ele tem o efeito de concentrar a atenção de todos os presentes naquilo que você está dizendo. Neste ponto, quero dar um conselho. Pode parecer trivial, mas é crucial para o sucesso da apresentação: *quando ler em voz alta, nunca fuja uma só palavra do texto que está escrito e sendo exibido.* O truque está em atacar a plateia por meio dos sentidos da visão e da audição. Se eles enxergam um conjunto de palavras e ouvem outro, ficam confusos e perdem a atenção.

Eu ainda morro mil mortes antes de cada apresentação. Fico aflito por causa do meu sotaque. Como pode um industrial dos Estados Unidos ter confiança na habilidade de um estrangeiro para influenciar o comportamento das donas de casa estadunidenses? No fundo, sei que os meus anos com o Dr. Gallup, em Princeton, me deram mais conhecimento sobre os hábitos e a mentalidade do consumidor estadunidense que a maioria dos redatores nativos possa ter e espero que isso seja evidente à medida que minha apresentação se desenvolve. Por isso, abro com axiomas que ninguém pode contestar. Depois que o auditório se acostuma com meu sotaque, começo a dar opiniões mais controversas.

*Confissões de um publicitário*

A primeira vez que permiti que um membro da minha equipe apresentasse uma das minhas campanhas para um cliente, eu sabia que a minha presença iria acentuar seu nervosismo. Por isso, fiquei na sala ao lado e observei a apresentação por meio de um visor. Seu nome era Garret Lydecker, e ele teve uma performance melhor de qualquer uma que já fiz.

Atualmente, tenho alguns companheiros que são apresentadores de primeira classe e não hesito mais em assistir às suas apresentações. Eles aprenderam a manter a serenidade, mesmo quando os provoco com perguntas. No debate que se segue, estabelecemos uma posição que não é nem a do cliente nem a da agência no começo da reunião. O resultado é um sentimento de camaradagem que atravessa aquelas linhas que tradicionalmente mantêm a agência e o cliente em lados opostos da mesa.

Em algumas agências, é permitido aos executivos de contas mandar no pessoal criativo por dar uma boa impressão a alguns clientes. Tais executivos acreditam que a publicidade está mais segura nas mãos de "homens de negócios". Contudo, isso cria uma atmosfera que inibe os redatores, e o cliente acaba recebendo publicidade de segunda classe. Em outras agências, os executivos de contas são pouco mais que garçons que levam as confecções dos criadores para os clientes. São proibidos de aceitar qualquer modificação que o cliente possa propor. Sendo-lhes negada a autoridade de

Como manter clientes

exercer seu próprio julgamento, acabam virando meninos de recado.

Deploro ambos os sistemas. Tenho criadores competentes e eles trabalham em conjunto com executivos de contas competentes, autorizados a negociar com os clientes. Os executivos de contas são maduros o suficiente para administrar todas as situações de suas contas sem desafiar a soberania final do criador. É um equilíbrio delicado, e conheço apenas uma outra agência que o alcançou.

Os planos de marketing que saem da minha agência, hoje em dia, são mais profissionais, mais objetivos e mais bem-documentados que os planos que eu escrevia no início. Mas alguns deles são escritos em um jargão de negócios que me irrita, tipo: qualidade percentual, conceptualizado, maximizar, e assim por diante. Quando garoto, fui obrigado a aprender de cor 12 versículos da Bíblia e lia latim com 9 anos. Em Oxford, estive sob a influência de pessoas que rejeitavam a escola germânica de educação — seca como areia, sem humor e ilegível. Fui ensinado a admirar não Mommsen, mas Gibbon, Macaulay e Trevelyan, que escreveram para serem lidos. Esse tipo de treinamento não me capacitou para ler os áridos documentos que constituem o meu trabalho de casa atual. Não ensinaram aos homens de negócios estadunidenses que é pecado *aborrecer* os seus semelhantes.

# IV

# Como ser um bom cliente

Um dos maiores anunciantes do mundo contratou pouco tempo atrás uma importante empresa de consultores em administração para estudar a relação entre publicidade e lucros. O estatístico que fez o estudo caiu em uma armadilha curiosamente comum: considerou que a única variável significativa era o *montante da verba gasta em publicidade* de ano para ano. Não se deu conta de que um investimento de 1 milhão de dólares em publicidade *eficiente* pode render mais do que 10 milhões em publicidade *ineficiente*.

Os anunciantes de produtos vendidos por reembolso postal descobriram que a simples mudança de um título pode

*Confissões de um publicitário*

multiplicar as vendas dez vezes; e já vi comerciais de televisão venderem um produto cinco vezes mais que outros comerciais escritos pelo mesmo homem.

Conheço uma cervejaria que vende mais para as pessoas que nunca veem a sua publicidade do que para aquelas que assistem a ela todas as semanas. A má publicidade pode *fazer cair* a venda de um produto.

Às vezes, a responsabilidade por tais catástrofes cabe à agência, mas, com frequência, o cliente é o culpado. Cada cliente tem a publicidade que merece. Já trabalhei para 96 deles e tive oportunidades excepcionais para comparar atitudes e procedimentos. Alguns se comportam tão mal que agência alguma conseguiria produzir publicidade eficiente para eles. Alguns se comportam tão bem que nenhuma agência conseguiria fracassar.

Neste capítulo, indicarei 15 regras para lidar com uma agência, caso me tornasse cliente. Elas estão formuladas para obter o melhor serviço.

(1) *Livre sua agência do medo.*
Na maior parte do tempo, a maioria das agências trabalha assustada. Isso se deve, em parte, ao fato de que muitas das pessoas que gravitam em torno do negócio da agência serem naturalmente inseguras e, em parte, porque muitos clientes deixam evidente

Como ser um bom cliente

que estão sempre à procura de uma nova agência. Pessoas amedrontadas são incapazes de produzir boa publicidade.

Depois que abri mão da conta da Rolls-Royce, me fiz ser convidado para conhecer a Ford Motor Company, "para conhecer". Para seu mérito eterno, o gerente de publicidade da Ford se recusou e me respondeu assim: "Detroit é uma cidade pequena, e você seria visto se viesse. Nossas agências atuais saberiam disso e poderiam ficar alarmadas. Não quero isso."

Se eu fosse um cliente, faria tudo ao meu alcance para libertar minhas agências do medo, até lhes dando contratos de longo prazo.

Meu amigo Clarence Eldridge trabalhou nos dois lados do balcão. Depois de se tornar notável como *chairman* do Comitê de Planejamento da Young & Rubicam, tornou-se vice-presidente de marketing na General Foods, e mais tarde vice-presidente sênior da Campbell Soup Company. Esse judicioso conhecedor das relações cliente-agência acredita que "existe uma palavra que caracteriza o relacionamento ideal: CONTINUIDADE. [...] Se quisermos alcançar continuidade, ela deve estar nas mentes das partes desde o primeiro momento. Deve ser construída deliberada e conscientemente dentro do relacionamento".

*Confissões de um publicitário*

Arthur Page contratou a N. W. Ayer como agência da American Telephone & Telegraph. De vez em quando, ele se desencantava com os serviços da Ayer, mas, ao em vez de dispensar a agência, como muitos clientes teriam feito, chamava o presidente da Ayer e lhe pedia que pusesse as coisas em ordem. Resultado: a publicidade da AT&T jamais foi abalada pelo tipo de desarticulação que sempre acompanha a nomeação de uma nova agência. George Cecil, da Ayer, escreveu os textos da AT&T por trinta anos e conseguiu construir uma imagem tão favorável que tornou a empresa um monopólio popular em um país que não tinha nenhum amor por monopólios. Arthur Page foi um cliente sábio.

Agências de publicidade servem como bodes expiatórios muito convenientes. É mais fácil despedir a agência que admitir para os acionistas que há algo errado com o produto ou com a sua administração. Portanto, antes de despachar a agência, faça a si mesmo estas perguntas:

(A) A Procter & Gamble e a General Foods conseguem serviços superlativos de suas agências e jamais demitiram uma delas. Por que não?

(B) A indicação de uma nova agência resolverá o problema ou apenas o empurrará para debaixo do tapete? Quais são as raízes reais do seu problema?

## Como ser um bom cliente

(C) Terá o seu produto se tornado obsoleto em comparação com os competidores?

(D) Você impôs a publicidade pela qual culpa agora a agência?

(E) Você vem amedrontando a agência a ponto de torná-la covarde?

(F) Será o seu gerente de publicidade tão imbecil que rejeitaria os melhores cérebros de *qualquer* agência?

(G) Como se sentirá se um dos seus competidores herdar os segredos que a sua ex-agência adquiriu trabalhando para você?

(H) Você se dá conta de que uma mudança de agência pode perturbar sua operação de marketing por 12 meses ou mais?

(I) Você foi sincero com o diretor da agência? Se lhe revelasse a sua insatisfação, ele estaria habilitado a lhe entregar canhões com maior poder de fogo do que os que você encontraria em uma nova agência.

(J) Já pensou que, quando dispensa uma agência, faz com que a maioria dos homens e mulheres que trabalham na conta perca o emprego? Não haverá uma forma de evitar essa tragédia humana?

*Confissões de um publicitário*

Muitas vezes aconselhei anunciantes que queriam contratar a minha agência a ficar onde estavam. Por exemplo, quando o presidente da Hallmark Cards mandou emissários me sondarem, respondi: "A agência que o atende contribuiu muito para o seu sucesso. Seria um ato de grande ingratidão contratar outra. Diga a eles o que o deixa insatisfeito atualmente. Tenho certeza de que irão pôr a casa em ordem. Fique onde está." Hallmark aceitou meu conselho.

Quando uma das companhias Can nos convidou a solicitar sua conta, eu disse: "Sua agência tem lhes proporcionado um serviço soberbo, em circunstâncias de notória dificuldade. Sei que eles perderam dinheiro com a conta. Em vez de demiti-los, recompense-os." Um dos jovens executivos da empresa se empertigou: "Sr. Ogilvy, esta é a coisa mais insolente que alguém já me disse." No entanto, seus colegas reconheceram que eu tinha razão.

Quando o Instituto dos Fabricantes de Embalagens de Vidro nos convidou a disputar sua conta, eu os instei a ficar na Kenyon & Eckhardt, que lhes vinha dando excelente publicidade. Eles ignoraram o meu conselho.

(2) *Antes de mais nada, selecione a agência certa.*
Se você gasta grandes somas de dinheiro dos seus

## Como ser um bom cliente

acionistas em publicidade e se seus lucros dependem da eficiência dela, é seu dever se esforçar ao máximo para escolher a melhor agência possível.

Amadores fazem essa seleção convocando um grupo de agências a apresentarem campanhas gratuitamente, em concorrências especulativas. As agências que vencem esses concursos são aquelas que usam seus melhores cérebros na solicitação de contas novas e relegam clientes aos cérebros do segundo time. Se eu fosse um industrial, procuraria uma agência que não tivesse departamento de novos negócios. As melhores agências não necessitam deles. Conseguem tantos clientes quantos podem atender, sem fazer campanhas especulativas.

A forma sensata de escolher uma agência é contratar um gerente de publicidade que saiba o suficiente sobre o mundo da publicidade para fazer um julgamento bem informado. Peça-lhe que exiba anúncios e comerciais representativos das três ou quatro agências que considere as mais qualificadas para a conta.

Então, ligue para alguns dos clientes delas. Pode ser revelador ligar para anunciantes como a Procter & Gamble, Lever, Colgate, General Foods e Bristol-Myers, que usam *várias* agências; eles podem lhe dar referências seguras sobre a maioria das agências importantes.

*Confissões de um publicitário*

Então, convide o executivo-chefe de cada uma das principais contendoras a trazer dois de seus executivos para jantar na sua casa. Deixe que as línguas se soltem. Observe se são discretos sobre os segredos de seus atuais clientes. Observe se têm fibra para discordar quando você diz alguma bobagem. Observe o relacionamento mútuo: eles são colegas profissionais ou politiqueiros briguentos? Prometem resultados exagerados? Parecem vulcões extintos ou estão vivos? São bons ouvintes? São intelectualmente honestos?

Acima de tudo, descubra se você *gosta* deles. O relacionamento entre cliente e agência tem que ser íntimo e pode virar um inferno se a química pessoal azedar.

Não cometa o erro de pressupor que sua conta será negligenciada em uma *grande* agência. Os jovens nas funções operacionais das grandes agências são mais capazes e mais empenhados que os altos figurões. Por outro lado, não presuma que uma grande agência vai trabalhar mais do que uma pequena. O número de pessoas atuando na sua conta será aproximadamente o mesmo em ambas. Cerca de nove pessoas para cada milhão de dólares que você investe.

(3) *Informe a agência ao máximo.*
Quanto mais a agência souber sobre sua companhia e seu produto, melhor será o serviço prestado.

Quando a General Foods nos contratou para anunciar o café Maxwell, se deu ao trabalho de nos ensinar tudo sobre o negócio de café. Dia após dia, nos sentávamos junto aos seus peritos, ouvindo preleções sobre café verde, misturas, torrefação, preços e sobre os mistérios econômicos da indústria.

Alguns gerentes de publicidade são preguiçosos ou ignorantes demais para brifar as agências de forma conveniente. Nesses casos, temos que mergulhar nos fatos por conta própria. O atraso que isso causa à produção da primeira campanha desmoraliza todos os envolvidos.

(4) *Não compita com a agência na área criativa.*

Para que ter um cachorro e latir você mesmo?

Palpites constantes vindos do banco do passageiro destroem os melhores homens de criação. Se você agir assim… Deus o proteja. Deixe evidente ao seu gerente de publicidade que a responsabilidade pela criação das campanhas não é dele, mas da agência e o proíba de diluir essa responsabilidade.

Quando Ellerton Jetté nos ofereceu a conta da Hathaway, disse: "Vamos começar a anunciar. Nossa verba será de menos de 30 mil dólares por ano. Se aceitá-la, prometo que jamais mudarei uma palavra em seus textos."

Assim, assumimos a conta da Hathaway e o Sr. Jetté manteve a palavra. Jamais mudou uma palavra sequer. Ele nos deu *total* responsabilidade. Se nossa publicidade para a Hathaway tivesse fracassado, a responsabilidade teria sido minha, mas isso não aconteceu. Jamais uma marca nacional foi construída a um custo tão baixo.

(5) *Afague a galinha dos ovos de ouro.*
A mais importante operação a que as agências são convocadas talvez seja a preparação da campanha para um novo produto que ainda não saiu do laboratório. Isso nos exige a criação de uma imagem total *ab ovo*.

No momento em que escrevo este livro, estou envolvido em uma operação dessa natureza. Mais de uma centena de cientistas trabalharam durante dois anos na descoberta do produto em questão. A mim, foram dados trinta dias para criar sua personalidade e planejar o lançamento. Se fizer bem o meu trabalho, talvez contribua tanto quanto aqueles cem cientistas para o sucesso do produto.

Este não é um trabalho para principiantes. Ele exige imaginação temperada por argúcia em marketing; conhecimento das técnicas de pesquisa a serem usadas para escolher nomes, embalagens e promessas; habilidade para prever o futuro, quando os competi-

Como ser um bom cliente

dores lançarão produtos iguais; e, não menos importante, o talento para escrever anúncios de lançamento. Duvido que exista mais de dez pessoas nos Estados Unidos qualificadas por temperamento e experiência para desenvolver tal operação. A maioria dos clientes espera que ela seja realizada às custas da agência. Se investissem no trabalho criativo de lançamento de novos produtos metade do que investem no trabalho técnico de desenvolvimento do produto, veriam abortar um número menor de suas concepções.

(6) *Não submeta sua publicidade a vários níveis de julgamento.*

Conheço um anunciante que faz as agências aprovarem as campanhas por cinco diferentes escalões da companhia, cada escalão tendo o poder de discussão e de veto.

Isso tem graves consequências. Pode causar o vazamento de informações secretas. Prende homens úteis em uma série interminável de reuniões desnecessárias. Complica a límpida simplicidade das apresentações originais e, pior que tudo, envenena a atmosfera com "políticas de criação". Os criadores aprendem a conquistar votos atendendo aos caprichos de diferentes executivos. Quando um redator se torna um político, qualifica-se para a descrição de John Webster: "Um

*Confissões de um publicitário*

político imita o demônio, assim como o demônio imita um canhão: onde quer que ele chegue para fazer uma maldade, chega com o traseiro virado para você" (*The White Devil*, c. 1608).

A maioria dos comerciais confusos que vemos na televisão é fruto do trabalho de comitês. Comitês podem criticar anúncios, mas não deveriam jamais ser autorizados a criá-los. A maioria das campanhas que levaram marcas à fama e à fortuna surgiu da parceria entre dois homens: um redator talentoso trabalhando lado a lado com um cliente inspirador. Assim foi a parceria de Gordon Seagrove e Jerry Lambert ao construir Listerine. E assim foi a parceria de Ted Moscoso comigo, na publicidade de Porto Rico.

Quando o pessoal da Seagram nos encomendou uma campanha para os vinhos Christian Brothers, fui avisado que os anúncios deveriam agradar não apenas ao comandante Sam Bronfman, mas também ao irmão-mestre da adega e aos colegas monges, no mosteiro dos Christian Brothers no vale Napa. Quando garoto, na escola, eu amava o conto de Daudet sobre Père Gauchet, o monge que se tornou alcoólatra de tanto fazer experiências em busca do licor perfeito. Por isso, decidi tornar o irmão-mestre da adega o herói de nossa campanha.

A Seagram aprovou, e o próprio irmão-mestre não hesitou em assumir o papel de um Comandante

*Yosemite National Park in Kalifornien. Dort ist der größte Sequoia-Baum 64 m hoch — und 3800 Jahre alt*

## Sie können in Wäldern spazieren gehen, die schon zur Zeit Caesars uralt waren — in Ihrem Urlaub in den U.S.A.

Im letzten Jahr besuchten 38 028 Deutsche die U.S.A. Sie brauchen kein Millionär zu sein, um den Urlaub Ihres Lebens dort zu verbringen. Zum Beispiel können Sie für nur DM 396,– eine Busfahrkarte kaufen, die Sie dazu berechtigt, 99 Tage kreuz und quer durch das Land zu fahren. Lesen Sie unten weitere überraschende Tatsachen.

Sie können nach New York zwischen Mittag- und Abendessen fliegen. Sie können erholsam mit dem Schiff während einer verlängerten Wochenendes hinüberfahren oder eine kombinierte Flug- und Schiffsreise machen.

Die Fahrpreise sind die niedrigsten in der Geschichte des Transatlantik-Verkehrs. Kein Wunder, daß plötzlich jeder eine Reise nach den U.S.A. zu planen scheint.

**Sehen Sie sich das Photo oben an.** Es wurde in Kalifornien aufgenommen — im herrlichen Yosemite National Park. Ein viertägiger Ausflug mit dem Muli durch das wunderschöne Hochland von Yosemite kostet nur DM 240,–, einschließlich Mahlzeiten, Kosten für den Führer und das gesattelte Muli.

*Der Golden Gate Bridge ist für die Westküste das, was die Freiheits-Statue für die Ost-Küste ist — ein Symbol des Willkommens der Vereinigten Staaten von Amerika.*

Den Yosemite können Sie wochenlang durchstreifen — seine Pfade sind insgesamt 1127 Kilometer lang — und Sie sehen immer wieder etwas anderes, einen Wasserfall, der neunmal höher ist als die Niagarafälle und natürlich die Riesenbäume — *Sequoia gigantea*. Diese Veteranen waren schon zu Caesars Zeit alt — und einer von ihnen hat einen Stamm von fast *11 Meter Durchmesser*.

**Fahren Sie in den Westen — wie viele Amerikaner.** Wenn Sie erst einmal die Staaten im Westen der U.S.A. kennen, werden Sie verstehen, warum so viele Amerikaner ihren Urlaub dort verbringen.

Warum nicht mit dem Bus fahren? Busgesellschaften in den U.S.A. machen ausländischen Besuchern außerordentlich günstige Angebote.

**Wohin Sie in den U.S.A. auch fahren, Sie werden Erlebnisse mitnehmen, von denen Sie noch Ihren Urenkeln erzählen können.**

Eine Besucherin der U.S.A. schrieb dem U.S. Travel Service über ihren Amerika-Urlaub:

„Zum Picknick fuhr ich in die Laramie Mountains, hörte dem Mormonen-Chor in ihrem Tempel in Utah zu, besuchte das Weiße Haus, nahm an einer Gerichtssitzung in Washington, D.C., teil und trank Kaffee mit einem Richter. Ich ging angeln an der San Francisco Bay, skilaufen in New England, wellenreiten in Florida.

Bemerkenswert war eine Gastfreundlichkeit, die nirgendwo in der Welt ihresgleichen hat. Diese Reise war ein solches Erlebnis, daß ich nur wünschen kann, viel mehr Europäer würden sie unternehmen."

99-Tage-Fahrten über *unbegrenzte* Entfernungen für nur DM 396,–. Und das in *Luxusbussen* mit Klimaanlage und Liegesitzen.

Sie können dem alten „Pony Express trail" bis Cheyenne/Wyoming folgen. Erleben Sie die Rocky Mountains und den Grand Canyon und die Mojave Desert. Besuchen Sie die alten Missionsstationen von Kalifornien — San Miguel, Santa Barbara und Monterey.

Und besuchen Sie San Francisco! Die meisten Besucher lieben jede Kleinigkeit an dieser Stadt mit ihrer anregenden und kosmopolitischen Atmosphäre. Fahren Sie mit dem Cable car zum Nob Hill hinauf. Erleben Sie die Golden Gate Bridge im Lichterglanz bei Nacht.

„San Francisco hat nur einen Fehler", sagte Rudyard Kipling, „— es fällt sehr schwer, dort wegzugehen."

*Das ist Patrick Adams, der Enkel des Ratten Himmel. Vielleicht treffen Sie ihn in Montana.*

**Das erste, was Sie tun sollten**

Heute wird das Fremdenverkehrsbüro der Vereinigten Staaten offiziell eröffnet. Schreiben Sie, rufen Sie an oder kommen Sie selbst vorbei: Fremdenverkehrsamt der U.S.A., Frankfurt am Main, Große Gallusstraße 1-7. Telefon 29 10 56, Abt. 18

Als nächstes besuchen Sie Ihr Reisebüro, Ihre Schiffahrts- oder Fluggesellschaft. Und fragen Sie bei dem Amerikanischen Konsulat an, welche Papiere Sie für das Visum brauchen. Es ist heute viel einfacher, ein Visum zu bekommen — die Bürokratie ist auf ein Minimum reduziert worden.

*Reisen Sie in eine neue Welt —
Besuchen Sie die U.S.A.*

O governo dos Estados Unidos escolheu, entre 139 outras candidatas, a Ogilvy & Mather para lançar a campanha "Visite os Estados Unidos".

*Rodeo im Tal des Pecos in New Mexico*

## „Wo sind die Cowboys und die Indianer?"

— eine der ersten Fragen, die über die U. S. A. gestellt werden

Besucher der U. S. A. sind überrascht, wenn sie erfahren, wie sehr der alte Westen der U. S. A. noch lebendig ist. Sie können Zureiter von Wildpferden in Montana sehen, Schlangentänzer der Hopi-Indianer in Arizona — und den unvergeßlichsten Urlaub Ihres Lebens verbringen.

DIE GESCHICHTE der alten Grenze im amerikanischen Westen ist erfüllt vom Donner der Hufe durchgehender Büffelherden und der Trommeln der Indianer.

Heute können Sie erleben, wie ein Teil der Geschichte wieder lebendig wird. Jedes Jahr im Juli erwacht der alte Westen in Cheyenne/Wyoming für eine Woche zu neuem Leben. Das sind die „Frontier Days"— Tage der Grenze —, während der eines der größten Rodeos, der berühmten Cowboy-Feste, veranstaltet wird.

*Sommer ist die beste Zeit für Rodeos im Westen der U. S. A. Sie können das Zureiten wilder Pferde und das Einfangen junger Stiere miterleben in diesem ungeheuer weiten, gastfreundlichen Land.*

Es gibt über 500 festliche Ereignisse pro Jahr in einem Staat allein, vom Mädchen-Rodeo bis zu Festen von einer Woche Dauer.

**Palaver bei den Pawnee-Indianern**

Das Erbe der amerikanischen Indianer ist noch im ganzen Land erkennbar. Die meisten Palaver und Stammesfeiern werden jährlich im Juli und August abgehalten. Sie finden Pawnees in Oklahoma, Sioux in den Dakota-Staaten, Hopis in Arizona.

Frau Lucy van Zütphen aus Bad Nauheim schreibt an den U. S. Travel Service:

„*Wann immer die Rede von den U. S. A. ist, schwärme ich von meiner Reise dorthin. Ich erzähle von den freundlichen Menschen und ihrer herzlichen Gastfreundschaft.*"

Sie werden auch von den günstigen Angeboten für Reisen innerhalb der U. S. A. angenehm überrascht sein. Für DM 400,— können Sie 15 Tage lang auf den Strecken von 13 inneramerikanischen Fluggesellschaften reisen. Die Linien führen *durch 48 Staaten* und berühren *mehr als 550 Städte*. (Wenn Sie das Sonderticket schon hier kaufen, sparen Sie 5 % Beförderungssteuer.)

Zwei transkontinentale Busgesellschaften bieten *99 Tage* unbegrenzter Reisen auf ihren Strecken für nur DM 396,—. (Dieses Ticket *müssen* Sie vor Ihrer Abreise bereits hier erwerben.)

Beginnen Sie *jetzt*, Ihren Urlaub vorzubereiten. Dies ist auch das Jahr der Weltausstellung in New York. Sie wird am 22. April eröffnet und dauert bis zum 18. Oktober. 46 Länder und über 200 Industriezweige werden eine unvergeßliche Ausstellung bieten.

**Was Sie zuerst tun sollten**

Lassen Sie sich in Ihrem Reisebüro beraten. Fordern Sie beim U.S.Travel Service kostenloses Informationsmaterial an. Schreiben Sie oder besuchen Sie das Fremdenverkehrsamt der U. S. A., 6 Frankfurt am Main, Große Gallusstr. 1-7, Telefon 291056, Abt. 36 D.

Und vergessen Sie nicht — jetzt kann in den meisten Fällen ein Besuchervisum für die U. S. A. *per Post* beantragt werden.

*Reisen Sie in eine neue Welt —
Besuchen Sie die U. S. A.*

O resultado positivo dessa série de anúncios ficou registrado em um artigo sobre eles no *Handelsblatt*, principal jornal de assuntos econômicos da Alemanha.

## Schweppes discovers America—and vice versa!

IT SEEMS like only yesterday that Commander Edward Whitehead, Schweppesman in charge of enlightening un Schwepped regions, first set foot on our shores.

Americans tasted Schweppes delicious bittersweet flavor. And discovered Schweppervescence —those exuberant little bubbles that tickle the palate and delight the soul.

Soon it became practically *unconstitutional* to mix a Gin-and-Tonic *without* Schweppes.

"Now, not content with coining a brand' new language," says the Commander. "I find you Americans are coining new *drinks*. Well, good for you – I've just tasted my first *Vodka*-and-Schweppes, and I must say it's not bad."

Many cities now report a distinct groundswell for *Rum* or *Bourbon* mixed with Schweppes. And Schweppes is also being hailed as a great soft drink- delicious without *anything* added.

Thirsty reader, however you take your Schweppes, you can be certain of two thin First, that the Schweppervescence will last y whole drink through. And second, that you drinking the original and authentic Quin Water. Famous since Commander Whitehe great-great-grandfather was a midshipman.

**P.S.** If your storekeeper – or favorite bar – d not yet have Schweppes, drop us a card and w take the necessary steps. Address Schwepp 30 East 60th Street, New York City.

Consumidores podem ser usados como símbolo de produtos. Oito anos após o início dessa campanha, o consumo de Schweppes nos Estados Unidos tinha aumentado em 517%.

# Now Puerto Rico Offers 100% Tax Exemption to New Industry

*by BEARDSLEY RUML*

"We don't want runaway industries" says Governor Muñoz. "But we do seek new and expanding industries." Federal taxes do not apply in Puerto Rico, and the Commonwealth also offers full exemption from local taxes. That is why 317 new plants have been located in Puerto Rico, protected by all the guarantees of the U. S. Constitution.

Esse foi o anúncio mais produtivo que já escrevi. Beardsley Ruml aceitou assiná-lo sem alterar uma só palavra. O anúncio atraiu grande número de indústrias para Porto Rico.

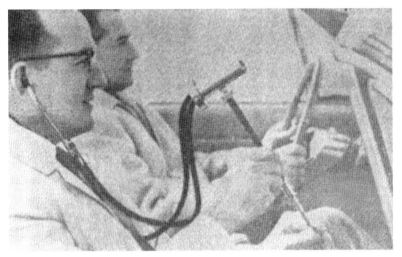

As empresas de venda por correio, que podem medir a resposta às suas ofertas, sempre redigem textos longos. Eu também. Cerca de 25% dos leitores do sexo masculino reagiram positivamente a este texto, e muitos deles passaram a abastecer com a Shell.

## "At 60 miles an hour the loudest noise in this new Rolls-Royce comes from the electric clock"

*What makes Rolls-Royce the best car in the world? "There is really no magic about it — it is merely patient attention to detail," says an eminent Rolls-Royce engineer.*

Dados e fatos são sempre melhores na publicidade do que o palavreado vago. Quanto mais fatos e dados você comunicar, mais venderá. Repare no longo título e no texto de 719 palavras. Fatos de ponta a ponta.

*The quiet upper reaches of the Thames near Lechlade in Gloucestershire.*

*Memo to company presidents:*

# Reward your top executives with a sabbatical year in Britain—on half pay

Here's the plan. After ten years' service, offer a top executive a year's vacation in Britain on half his salary. Say this comes to $12,000. This will be more than enough for him and his family to live in comfort. Your man will find new stimuli to recharge his batteries and rewind his creative mainspring.

Even the best executive needs new experience to give him a new lease on life—to broaden his scope and his perspective.

He needs a sabbatical.

Tensions unwind. Anxieties evaporate. You rediscover yourself and your sense of proportion. You see new horizons. You wonder at wonders again. You come back feeling ten years younger. And management benefits from the change.

### The practical side

Reward a $24,000-a-year executive with cash, and most of it goes in taxes.

Give him a year's sabbatical in Britain on half pay, and he pays less taxes at home, while the value of his dollars almost doubles in his pocket. And he gets the extra reward of time, which is tax free.

### How far does $12,000 go in Britain?

The average British executive gets about $8,000 a year. So your man on half pay is affluent.

Consider some typical costs: you can rent a furnished three room cottage for $60 a month; you pay about $3.75 for bed and breakfast in Britain's country inns. $1.00 buys a good pub lunch. $2.40 buys a good seat in a London theatre. And $50 hires a self drive car for a week, gas included.

### Apart from prices—why choose Britain?

A good sabbatical should combine maximum refreshment with minimum strain. Britain scores gloriously on both counts. Here's why:

**1.** You do not find yourself among strangers in Britain. You are among people who speak your language and share your values. You can enjoy a play without being a linguist, a movie without reading subtitles. You exchange ideas as easily as you do at home.

**2.** Go motoring in Britain and you rediscover the long-lost joys of driving. Britain is about the size of Wyoming, yet there is more road per square mile than in any other country on earth. You drive everywhere—and seldom have to hoof it. And over 60,000 inns are waiting to welcome you, many offering you lodging—without booking in advance.

**3.** If you have children, don't hesitate to bring them along. British schools are second to none. Indeed, the whole courteous atmosphere of Britain is an object lesson. The country itself is an education, for American roots grow deep. Stately homes and crests bear such names as Washington and Lee. And the Shakespeare country has even been known to make a child love poetry. No mean feat.

**4.** Then there's your own stimulation. This, after all, is the true purpose of the sabbatical.

Now is the time to read the books you have missed reading for lack of time or energy. British universities run gentle summer courses on subjects as varied as economics and the Elizabethan lyric.

Then there are almost twice as many theatres in London as there are in New York, and three dozen British towns have first rate repertory companies. There are nineteen major festivals each year, and there are five symphony orchestras in London.

As for sport: golf and hunting are both superb. Horse racing is a year round affair. And no place in Britain is more than 70 miles from the sea. Even Britain's much-maligned weather may surprise you. *South East England* has half the yearly rainfall of New York State. There is seldom a day when you can't enjoy a round of golf.

### Does a sabbatical have to be a year?

Not a bit of it. We merely suggest a year because the gesture has the proper presidential grandeur.

A year gives time for refreshment to come home to roost, for some say that it takes a couple of months to assuage a good executive's guilt about the prospect of a year's idleness. As the senior executive of your company, why not put yourself to the test? It is only fair to your colleagues.

---

**Presidents please note**

For free literature, facts and figures, have your secretary write to the British Travel Association, Box 122, on your company letterhead. Any of the following addresses will do: In New York 680 Fifth Ave.; in Los Angeles—606 South Hill St.; in Chicago—39 South La Salle St.; in Canada —90 Adelaide Street West, Toronto, Ont.

---

Depois da publicação deste anúncio, o número de turistas estadunidenses que visitaram a Inglaterra quadruplicou. O jornal *The Economist* afirmou: "Bela vitória para uma ilha pequena e úmida."

Consegui conquistar a Sra. Roosevelt, e ela deu um depoimento sobre a margarina Good Luck. Esta foto registra o instante em que ela dizia: "A nova Good Luck é realmente deliciosa." Acho-a maravilhosa.

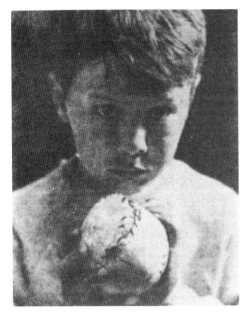

A Sears, Roebuck movimenta anualmente cerca de US$ 5 bilhões, o que representa mais do que a soma das dez maiores empresas do ranking depois dela.

Mais da metade dos estadunidenses (60%) compram na Sears, Roebuck. Nossa campanha visa principalmente tornar conhecidos o atendimento e a seriedade da empresa, sem promover as mercadorias que vende.

# Today at 9 a.m. Morgan Guaranty returns to the most famous address in banking—23 Wall

Ogilvy, Benson & Mather é, no ramo publicitário, o que J.P. Morgan representa no ramo bancário: não a maior empresa, mas a melhor (pelo menos é o que espero).

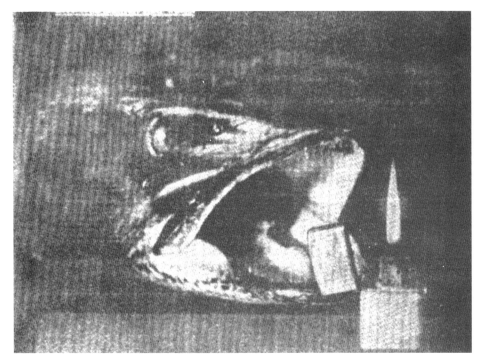

THE FISH THAT SNAPPED UP THE ZIPPO LIGHTER WAS A GREAT NORTHERN PIKE, ONE OF AMERICA'S SCRAPPIEST GAME FISH.

## The amazing story of a Zippo that worked after being taken from the belly of a fish

Mr. Harry Best, recently retired fish and game protector for the New York State Conservation Department, told this remarkable but true story to the Zippo man:

"A party, just west of Cleveland on Oneida Lake, was fishing for Great Northern Pike in Three Mile Bay. They caught a Pike that weighed about 18 pounds. When they dressed the Pike, in the stomach was one of your lighters.

The Pike must have picked it off the bottom or could have grabbed it before it got to the bottom. The lighter was in fine shape which showed that it had not been lost long. The best part of it was that the Zippo lit the first time."

Even for a fisherman, it's quite a yarn. But then there are thousands of other Zippo lighters which have lived through adventures that would have made brave Ulysses' hair stand on end.

The Zippo man is not surprised that the lighter worked. He makes every one of his lighters to work. Not just for weeks, months or years, but *forever!*

Whether you buy your Zippo lighter in a store or find it in a fish, the Zippo man offers you his same incredible guarantee: No matter how old it is or what its condition, if a Zippo ever fails to work, *he'll fix it free!*

| Lossproof Zippo Lighter. In five popular sports designs. $5.00 | New Zippo Slim-Lighter. Same dependable action, polished chrome. $4.75 | Regular Zippo. Made Zippo famous. Brush-finish chrome. $3.50 | Gold-filled Zippo. 10-kt. gold fused to case, not plated. $20.00* | Engine-turned Zippo. Smart new design in polished chrome. $5.75 | New Zippo Slim-Lighter. Ribbon design, gleaming chrome finish. $6.00. | If you don't see Zippo on the bottom of the lighter, it's not a genuine Zippo. |

*Subject to 10% Retail Excise Tax · ZIPPO MANUFACTURING COMPANY, BRADFORD, PA. IN CANADA: ZIPPO MANUFACTURING COMPANY, CANADA LTD., NIAGARA FALLS, ONTARIO

Um exemplo da boa exposição do texto de um anúncio. Clara e simples, sem confusão, sem nada escrito a mão, sem símbolos.

Esta campanha — uma boa ideia que surgiu em uma terça-feira chuvosa e fria — ficou famosa. Eu teria preferido criar a minha fama não apenas por uma "inspiração", mas por um sólido raciocínio.

*A view of the old town of Nuremberg, from the fortress. Nuremberg is one of 10 cities in Germany served by KLM.*

## Seven navigation systems guide your KLM jet to Europe. Read 14 other facts you should know about the careful, punctual Dutch and the reliability of KLM.

Every KLM jet flying to Europe has weather radar and no less than seven navigation systems. Many experienced travelers believe that KLM is the most reliable of all airlines. Read these fascinating facts and you will know why.

1. KLM pilots achieve rank by *hard work.* It takes at least twelve years of flying to become a KLM Pilot First Class.
2. Thirty percent of KLM's maintenance work is done for other airlines.
3. KLM was the first European airline to be authorized by the Federal Aviation Agency to overhaul planes for U.S. airlines without further inspection.
4. KLM also trains flying crews for other airlines. A nice compliment to KLM reliability.

**Ultrasonic washing**

5. KLM uses ultrasonic washing machines to clean engine parts, ultraviolet light to inspect them, infrared ovens to dry them. But to clean cylinders and pistons, KLM craftsmen use crushed *cherry-stones* — which can be blasted against the parts at tremendous pressure without scratching them.
6. Dr. G. Paul Butler, lecturer and editor, comments in his Butlers' Guides that KLM "has won worldwide respect for its high standards of reliability and courtesy."

7. A KLM stewardess learns make-up from Elizabeth Arden in Holland, speaks at least *four* languages fluently, and walks *eight miles* on a flight to Europe.
8. First class meals on KLM are served on exquisite Hutschenreuther china. It was specially designed for KLM worldwide services. No easy task. The china has to withstand tropical heat, deep freezing, reheating, washing. KLM insisted it had to be elegant too. It is.
9. KLM first class meals include three *Grand Vins.* Typical selection: Champagne Moët 1959, Zeltinger Schwarzlay 1959 and Mouton Cadet 1955.
10. KLM was the first airline to have its own medical service along its routes. Many people traveling under doctor's orders have become regular KLM passengers for this reason.
11. The total length of KLM's route network is 168,000 miles—the world's second longest network.
12. At Amsterdam Airport, you can buy European cars *tax-free*, at savings up to $3,000. And cameras, watches, perfumes and liquor — often at less than half U.S. prices.

**New low group fares***

13. You can now fly from New York to Amsterdam with a qualified party of twenty-five or more people and *save almost $200 each* on the round-trip jet economy fare.*
14. Here is a remarkable KLM stopover bargain. When you fly first class from New York to Rome by KLM jet, you can actually go or return via the Caribbean and visit 9 countries in Europe for *no extra fare.*

*Valid for departures on or before May 31 (during May, Mon. through Thurs. only)*

For information, see your travel agent, call KLM or mail coupon.

KLM Royal Dutch Airlines
609 Fifth Avenue, New York 17. Tel: PLaza 9-3600

Please send comprehensive color portfolio, "Europe in the palm of your hand."

Mr/Mrs/Miss _____

Address _____

City _____ Zone ___ State ___

(Name of your travel agent)

---

*Está comprovado que fotografias e ilustrações do destino de viagem de uma pessoa têm mais valor publicitário do que fotos de aviões, por exemplo.*

Este exemplo, dentre uma série de anúncios, procura ilustrar os esforços da IBM no sentido de contribuir para a tecnologia e, com isso, melhor servir à humanidade.

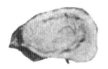

# GUINNESS GUIDE TO OYSTERS

**CAPE CODS:** An oyster of superb flavor. Its chief enemy is the starfish, which wraps its arms about the oyster and forces the valves open with its feet. The battle lasts for hours, until the starfish is rewarded with a good meal, but alas, no Guinness.

**NEW ORLEANS:** This was Jean Lafitte's oyster, which is now used in Oysters Rockefeller. Valuable pearls are never found in *ostrea virginica*, the family to which East Coast oysters belong.

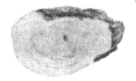

**GREENPORT:** These oysters have a salty flavor all their own. They were a smash hit with the whalers who shipped out of Greenport in olden days. Oysters contain iron, copper, iodine, calcium, magnesium, phosphorous, Vitamin A, thiamine, riboflavin and niacin. The Emperor Tiberius practically lived on oysters.

**OYSTER BAY:** Oyster Bays are mild and heavy-shelled. It is said that oysters yawn at night. Monkeys know this and arm themselves with small stones. They watch for an oyster to yawn and then pop the stone in between the shells. "Thus the oyster is exposed to the greed of the monkeys."

**TANGIER:** This is one of the sweetest and most succulent oysters. It comes from the Eastern Shore of Maryland. Pocahontas fed Tangiers to Captain John Smith, with famous results. Oysters go down best with Guinness, which has long been regarded as the perfect complement for all sea-food.

**BLUEPOINTS:** These delicious little oysters from Great South Bay somewhat resemble the famous English 'natives' of which Disraeli wrote: "I dined or rather supped at the Carlton... off oysters, Guinness and broiled bones, and got to bed at half past twelve. Thus ended the most remarkable day hitherto of my life."

**LYNNHAVEN:** These gigantic oysters were Diamond Jim Brady's favorites. More fishermen are employed catching oysters than any other sea food. The Damariscotta mound in Maine contains three million bushels of oyster shells, piled there by prehistoric Bradys.

**DELAWARE BAY:** This was William Penn's favorite oyster. Only 15% of oysters are eaten on the half-shell. The rest find their way into stews, or end their days in a blaze of glory as "Angels on Horseback." One oyster was distinctly heard to whistle.

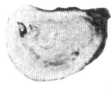

ALL OYSTERS taste their best when washed down with drafts of Guinness—what Professor Saintsbury in "Notes On A Cellar-Book" called "that noble liquor—the comeliest of black malts." Most of the malt used in brewing Guinness comes from the fertile farms of Southern Ireland, and the yeast is descended from the yeast used by Guinness in Dublin one hundred and ninety years ago.

**CHINCOTEAGUES:** Many epicures regard Chincoteagues as the supreme aristocrats of the oyster tribe, but some West Coast gourmets prefer the Olympia oyster, which is no bigger than your thumbnail. Chincoteagues and Olympias are at the best with Guinness.

Guinness® Stout brewed by Arthur Guinness Son & Co., Inc., Long Island City, N.Y.

Escrevi meu primeiro anúncio aos 39 anos. Ei-lo aqui.
Bem divertido, mas será que vende?

Huckleberry Finn's Mississippi ist heute kaum 10 Stunden von Frankfurt entfernt. Eine Fahrt auf einem Riverboat kostet etwa DM 9.-

# Eine Woche durch die U.S.A. für 392.- DM

Ein Liter Benzin kostet nur 32 Pfg. Sie können in Motels mit Swimming Pool bereits für DM 22.- übernachten. Erleben Sie den Grand Canyon für DM 46.- inklusive Muli. Verbringen Sie eine Woche auf einer Ranch. Das sind Erlebnisse, die Sie nie mehr vergessen werden.

Este anúncio publicado na Europa desencadeou uma avalanche de comentários, a maioria negativos. No entanto, nos oito meses seguintes, o fluxo de viagens para os Estados Unidos cresceu 25%.

Whitehead[13] eclesiástico. Mas ele se sentiu obrigado a submeter nossos layouts ao superior da ordem em Roma, e esse eminente sacerdote carimbou um "negativo" em latim. Pouco depois, um dos cardeais estadunidenses interveio, e fui convidado a preparar uma campanha "sem impacto". Essa rara determinação tirou o vento das minhas velas, e em consequência mandei o meu *nunc dimittis*. Clientes de sete cabeças apresentam problemas insolúveis.

(7) *Assegure-se de que a agência tenha lucro.*

Sua conta compete com todas as outras contas da agência. Se ela não for lucrativa, é pouco provável que a administração da agência coloque a seu serviço os melhores profissionais. Cedo ou tarde, eles irão em busca de uma conta lucrativa para substituir a sua.

Está se tornando cada vez mais difícil para as agências ter algum lucro. Cada cem dólares gastos a serviço dos clientes resulta hoje um lucro médio de 34 centavos. Nessa base, quase não vale a pena jogar o jogo.

A experiência me ensinou que os anunciantes conseguem melhores resultados quando pagam à agência um *fee* determinado. O sistema convencional de

---

13 Presidente da Schweppes, que por muitos anos foi o personagem das campanhas da marca. [*N. do T.*]

*Confissões de um publicitário*

comissão de 15% é um anacronismo, em especial nas contas de produtos de largo consumo, em que se espera que a agência dê conselhos objetivos sobre a divisão das despesas de marketing entre publicidade comissionada e promoções não comissionadas. Não é realista esperar que a agência seja imparcial quando interesses particulares repousam por completo no incremento da publicidade comissionada.

Parece-me que o relacionamento cliente-agência é mais satisfatório quando os ganhos da agência não estão relacionados com o tamanho da verba que ela possa convencer seus clientes a gastar em publicidade. Prefiro ficar em uma posição que me permita aconselhar meus clientes a gastar mais sem que suspeitem dos meus motivos. Gosto de estar na posição de aconselhá-los a gastar *menos* sem incorrer na ira dos meus próprios acionistas.

Não temo uma guerra de preços entre agências. Um período de competição de preços fortaleceria as boas e poria as ruins para fora do negócio. O padrão geral de performance das agências melhoraria. As boas agências deveriam ser pagas com valores mais altos que as más.

Minha notícia de que a Ogilvy, Benson & Mather estava preparada para atender contas à base de *fee* foi saudada com aprovação por muitas pessoas sensatas

## Como ser um bom cliente

fora desse ramo. O diretor da McKinsey & Company escreveu: "Sua revelação mostra uma liderança real, ao atacar publicamente um método de compensação superado." Clarence Eldridge escreveu: "Você deve ser congratulado pela coragem de quebrar uma tradição e por abordar o assunto da compensação da agência de maneira lógica e realista. Isso representa um grande avanço." Mas minha conversão ao sistema de *fee* foi tão malvista por meus colegas agentes de publicidade, que quase provocou minha excomunhão da Associação de Agências de Publicidade dos Estados Unidos, em cujo conselho eu então tinha assento. Durante trinta anos, essa augusta sociedade conseguiu fixar o preço dos serviços das agências em 15%, e minha participação na associação dependia da firme obediência a essa regra. Em 1956, o governo dos Estados Unidos interveio para proibir essa coação, mas a tradição permaneceu. Qualquer agência de publicidade que rejeitasse o valor convencional de comissão era vista como uma malfeitora.

Profetizo que a opinião da Madison Avenue mudará. Aliás, espero ser lembrado como o herege que foi o pioneiro em uma atitude que confere status profissional aos agentes de publicidade.

*Confissões de um publicitário*

(8) *Não pechinche.*

Se tolerar que os trapaceiros da sua equipe regateiem com a agência sobre o pagamento de contas, cometerá um erro. Se, por exemplo, você for mesquinho no orçamento de pesquisa, acabará sem pesquisa suficiente. A agência será forçada a voar às cegas. Isso poderá custar sua própria companhia. Se, por outro lado, você se propuser a pagar pré-testes de comerciais, ou a publicação segmentada de anúncios experimentais e todo o aparato de pesquisa publicitária, você tornará financeiramente viável que sua agência se dedique à busca contínua de publicidade mais lucrativa.

Não espere que a agência pague por todos os poços secos que ela perfurar a seu serviço. Se, por exemplo, ela produz um comercial de televisão que não funciona tão bem quanto o *storyboard* prometia, peça-lhe que tente outra vez, *às suas custas*. A televisão é um meio difícil de usar. Até hoje, não vi um só comercial que me satisfizesse, mas não posso bancar o pagamento de 10 mil dólares do meu bolso para refazer qualquer um deles.

Quando terminamos a produção do nosso primeiro comercial para o detergente Vim, um sábio homem da Lever Brothers me perguntou: "Você poderia pensar em uma forma de melhorar este comercial?"

Como ser um bom cliente

Confessei-lhe que poderia pensar em 19 formas. "Bem", disse ele, "vamos investir 4 milhões de dólares na veiculação deste comercial. Quero que ele seja o mais poderoso possível. Refaça-o, e pagaremos por isso".

A maioria dos clientes teria insistido para que a agência pagasse para refazê-lo, uma atitude que encoraja as agências a esconder a própria insatisfação com suas produções medíocres.

Quando Arthur Houghton nos pediu para fazer a publicidade da Steuben, me deu uma diretriz clara como o cristal: "Nós fazemos o melhor vidro do mundo, o seu trabalho é fazer a melhor publicidade."

Repliquei: "Fazer um vidro perfeito é muito difícil. Mesmo os artesãos da Steuben produzem peças imperfeitas. Seus inspetores as quebram. Fazer anúncios perfeitos também é difícil."

Seis semanas depois, mostrei-lhe a prova do nosso primeiro anúncio. Era em cores, e os fotolitos, que tinham custado 1.200 dólares, estavam imperfeitos. Sem hesitar, Arthur me deixou destruí-los e fazer um novo conjunto. Para clientes tão esclarecidos, é impossível fazer um trabalho de pouca qualidade.

(9) *Seja sincero e encoraje a sinceridade.*

Se você acha que a agência está tendo um desempenho ruim ou que determinado anúncio é fraco, não faça rodeios. Exponha essa opinião em alto e bom som. Podem ocorrer consequências desastrosas quando um cliente não é franco nas relações do dia a dia com a agência.

Não estou sugerindo que faça ameaças. Não diga: "Você é um amador incompetente, e eu contratarei outra agência a menos que volte amanhã com um grande anúncio!" Tal comportamento só irá paralisar as tropas. É melhor dizer: "O que me mostrou não está à altura dos seus altos padrões habituais. Por favor, tente mais uma vez." Ao mesmo tempo, explique o que acha inadequado naquilo que foi apresentado. Não deixe que a agência tenha que adivinhar.

Esse tipo de sinceridade encoraja a agência a ser igualmente sincera com você. Nenhuma parceria pode frutificar sem sinceridade de ambas as partes.

(10) *Estabeleça altos padrões.*

Combata a mediocridade. Deixe claro que espera que a agência atinja as estrelas — e derrame elogios quando eles o conseguem.

Muitos clientes acham cômodo culpar a agência quando as vendas caem, mas são mesquinhos em dar o crédito para a agência quando as vendas crescem. Isso mata o estímulo.

Mas nunca deixe que a agência descanse sobre os seus lauréis. Continue incitando-os a buscarem maiores altitudes. Pode ser que você tenha uma boa campanha no ar. No dia seguinte da aprovação, peça à agência que comece a criar uma melhor. Tão logo você encontre uma campanha cujos testes mostrem ser melhor que sua campanha atual, mude para ela. No entanto, nunca abandone uma campanha só porque *você* se cansou dela; as donas de casa não veem os anúncios com tanta frequência quanto você.

O melhor de tudo é conseguir uma grande campanha e mantê-la por muitos anos. O problema é *encontrar* essa grande campanha. Elas não nascem em árvores, e você saberia disso se tivesse, como eu, a função de criá-las.

(11) *Teste tudo.*

A palavra mais importante no vocabulário da publicidade é TESTE. Se você pré-testar o produto com os consumidores e pré-testar a publicidade, terá sucesso no mercado. De cada 25 novos produtos, 24 perecem nos mercados-teste. Os industriais que não os fazem se submetem ao custo colossal (e à desgraça) de vê-los fracassar em escala nacional, em vez de morrerem discreta e economicamente nos testes de mercado. Teste a promessa. Teste a mídia. Teste os títulos e as ilustrações. Teste o tamanho dos anúncios. Teste a frequência. Teste o nível de investimento. Teste os

*Confissões de um publicitário*

comerciais. Nunca pare de testar, e a publicidade nunca vai parar de melhorar.

(12) *Apresse-se.*

Muitos jovens nas grandes corporações se comportam como se o lucro não dependesse do tempo. Quando Jerry Lambert conquistou sua primeira vitória espetacular com Listerine, ele acelerou o processo inteiro de marketing, dividindo o tempo em *meses*. Em vez de se amarrar a planos *anuais*, Lambert revisava a publicidade e os lucros mês a mês. O resultado foi que ele faturou 25 milhões de dólares em oito anos, o que exigiria 12 vezes mais tempo da maioria das pessoas. Nos tempos de Jerry Lambert, a Lambert Pharmacal Company se regulava pelos *meses*, e não pelos *anos*. Recomendo esse ritmo a todos os anunciantes.

(13) *Não perca tempo com crianças-problema.*

A maioria dos anunciantes e suas agências gastam tempo demais preocupando-se em reviver produtos em dificuldade e tempo de menos preocupando-se em fazer um produto de sucesso ter um sucesso maior ainda. Na publicidade, a marca da bravura de um homem está em olhar cara a cara os resultados desfavoráveis de um teste, cortar as perdas e seguir em frente.

Como ser um bom cliente

Nem sempre é preciso descontinuar o produto. Algumas vezes é possível fazer grandes lucros fora das *vacas leiteiras*. Pouquíssimos mercadólogos sabem como tirar o leite de marcas moribundas. É como entrar com mão fraca no jogo do pôquer.

Concentre seu tempo, seu cérebro e a verba de publicidade em seus *sucessos*. Reconheça o sucesso quando ele surge e incremente a publicidade. Apoie os vitoriosos e abandone os perdedores.

(14) *Tolere o gênio.*

Conan Doyle escreveu que "a mediocridade não conhece nada melhor que ela mesma". Percebo que os homens medíocres reconhecem o gênio, se ressentem dele e se sentem compelidos a destruí-lo.

Existem poucos gênios nas agências de publicidade. Mas precisamos de todos os que pudermos encontrar. Quase sem exceção, são desagradáveis. Não os destruam. Eles põem ovos de ouro.

(15) *Não gaste de menos.*

Disse Charlie Mortimer, presidente da General Foods e ex-gerente de publicidade da companhia: "A maneira mais segura de gastar demais em publicidade é não gastar o suficiente para fazer um trabalho bem-feito. É como comprar três quartos de uma passagem

*Confissões de um publicitário*

para a Europa; você gastou menos dinheiro, mas não chegará lá."

Sou levado a pensar que nove entre dez orçamentos de publicidade são muito pequenos para cumprir a missão que lhes é destinada. Se a sua marca gera menos de dois milhões de dólares por ano para publicidade, não tente uma campanha nacional contínua. Puxe as rédeas. Concentre o dinheiro que tem nos mercados mais lucrativos. Ou enfoque a publicidade para um determinado grupo de renda. Ou a abandone por completo. Odeio admitir, mas existem outros caminhos para a fortuna.

# V

# Como fazer grandes campanhas

Quando redatores, diretores de arte e produtores de televisão vêm trabalhar na nossa agência, são enfiados em uma sala de reuniões e submetidos à minha Lanterna Mágica, que lhes diz como escrever títulos e textos, ilustrar anúncios, construir comerciais de televisão e escolher a promessa básica para as campanhas. As regras que postulo não representam minha opinião — elas são a quintessência do que aprendi por meio da pesquisa.

Os recrutas reagem à minha conferência de diferentes maneiras. Alguns encontram conforto e segurança sob o comando de um chefe que parece saber do que está falando.

*Confissões de um publicitário*

Alguns se sentem desconfortáveis com a perspectiva de trabalhar sob disciplinas tão rígidas.

— Sem dúvida — dizem —, essas regras e regulamentos resultam em publicidade chata.

— Até agora, não — respondo, e sigo pregando a importância da disciplina na arte.

Shakespeare escreveu sonetos dentro de uma estrita disciplina — 14 linhas de pentâmetro iâmbico, rimando em três quartetos e uma parelha. São sonetos chatos? Mozart escreveu sonatas sob disciplina igualmente rígida — exposição, desenvolvimento e recapitulação. Elas são chatas?

Esse argumento desarma a maioria dos sabichões. Prossigo, prometendo-lhes que, se aderirem a tais princípios, muito em breve produzirão bons anúncios.

O que é um bom anúncio? Existem três escolas de pensamento. Os cínicos dizem que um bom anúncio é o que foi aprovado pelo cliente. Outra escola aceita a definição de Raymond Rubicam: "A melhor característica de um grande anúncio é que não só o público é fortemente impactado, como tanto o público quanto o mundo da publicidade se lembram dele por muito tempo como um *trabalho admirável*." Produzi minha cota de anúncios que vêm sendo lembrados pelo mundo da publicidade como trabalhos admiráveis. Mas pertenço à terceira escola — a que sustenta que um bom anúncio é aquele que *vende o produto sem atrair a atenção para si mesmo.* Ele deve fixar a atenção do leitor no produto. Em vez de dizer "Que anúncio inteligente!", o leitor diz: "Eu não sabia disso. Preciso experimentar esse produto."

É dever profissional do publicitário esconder seus artifícios. Quando Ésquines discursou, todos disseram: "Como ele fala bem!" Mas, quando Demóstenes discursou, disseram: "Vamos marchar contra Filipe!" Eu prefiro Demóstenes.

Se meus novos recrutas rejeitam essa definição severa da boa publicidade, eu os convido a voltar às suas encarnações, onde podem se espojar na idiotice e na ignorância.

Meu passo seguinte é dizer que não permitirei que usem a palavra CRIATIVO para descrever as funções que exercerão na agência. A palavra CRIATIVIDADE, ainda mais em moda, nem existe no *Dicionário Oxford* de 12 volumes. Isso lembra a Leo Burnett a afirmação de Bernard Berenson de que a única coisa que os etruscos acrescentaram à arte dos gregos foi "a originalidade da incompetência". Fairfax Cone "gostaria de expulsar a palavra CRIATIVIDADE das nossas vidas". Ed Cox acha que "não existem redatores criativos ou não criativos; há apenas bons e maus fazedores de anúncios". Leve em conta que Burnett, Cone e Cox estão entre os homens mais "criativos" no negócio da publicidade. Como conseguíamos nos arranjar há vinte anos antes que a "criatividade" entrasse para o vocabulário da publicidade? Eu me envergonho de dizer que eu mesmo uso essa palavra, algumas vezes, até ao escrever estas páginas.

*Confissões de um publicitário*

\*\*\*

Neste capítulo, exporei ao leitor o que ele veria na minha Lanterna Mágica, no dia em que chegasse para trabalhar na Ogilvy, Benson & Mather. A pesquisa em que me baseei deriva de cinco fontes principais:

*Primeiro,* da experiência dos anunciantes de vendas por correio. Essa tropa de elite, representada por alguns mestres, tais como Harry Scherman, do Clube do Livro do Mês, Vic Schwab e John Caples, sabe mais sobre as *realidades* da propaganda do que qualquer outra pessoa. Estão capacitados a medir os resultados de cada anúncio que escrevem, porque a visão não é obscurecida pelos complexos canais de distribuição, que tornam impossível para a maioria dos industriais isolar os resultados de sua publicidade dos demais fatores do marketing mix. O anunciante de vendas por correio não tem varejistas para encolher ou expandir estoques, para empurrar seu produto ou para escondê-lo debaixo do balcão. Conta somente com anúncios para fazer todo o trabalho de venda. Ou o leitor recorta e envia o cupom, ou não recorta. Alguns dias depois de publicado o anúncio, o redator de reembolso postal sabe se ele foi lucrativo ou não.

Por 27 anos, mantive meus olhos abertos para o que os anunciantes de vendas por correio fazem nos anúncios. Dessa

144

## Como fazer grandes campanhas

observação, cristalizei alguns princípios gerais, que podem ser aplicados, acredito, em todas as formas de publicidade.

A *segunda* fonte mais valiosa de informação sobre o que faz técnicas terem bons resultados e outras falharem é a experiência das lojas de departamento. No dia seguinte à publicação, elas podem medir as vendas produzidas pelo anúncio. Por isso, presto tanta atenção às práticas publicitárias da Sears, Roebuck, que são as mais experientes entre todos os varejistas.

A *terceira* fonte de dados em que minha Lanterna Mágica se apoia são as pesquisas feitas por Gallup, Starch, Clark-Hooper e Harold Rudolph sobre os fatores que levam as pessoas a lerem anúncios, e, no caso do Dr. Gallup, os fatores que fazem com que as pessoas *lembrem* aquilo que leram. No conjunto, suas descobertas endossam a experiência da venda por correio.

Sabe-se mais sobre as reações do consumidor à publicidade em jornais e revistas do que sobre as reações do consumidor aos comerciais de televisão, porque as pesquisas sérias sobre a televisão — a minha *quarta* fonte — só começaram há dez anos. De qualquer forma, o Dr. Gallup e outros já produziram um corpo de conhecimentos sobre a publicidade de televisão suficiente para nos emancipar da dependência *total* da adivinhação. (Quanto aos comerciais de rádio, existe pouca ou nenhuma pesquisa disponível de qualquer fonte. O rádio se tornou obsoleto por causa da televisão antes que alguém

*Confissões de um publicitário*

tivesse aprendido a usá-lo cientificamente; mas agora ele está se recuperando, a ponto de ser descrito como a Cinderela dos meios de publicidade; é hora de os pesquisadores prestarem atenção nele.)

Minha última fonte é menos científica. Sou um inveterado explorador de cérebros, e os cérebros mais gratificantes que explorei foram os dos meus antecessores e dos meus concorrentes. Aprendi muito estudando as campanhas vitoriosas de Raymond Rubicam, Jim Young e George Cecil.

Aqui estão, pois, minhas receitas para o tipo de campanha publicitária que faz a caixa registradora tilintar — 11 mandamentos a que você deve obedecer caso trabalhar comigo:

(1) *O que você diz é mais importante do que como diz.*

Um belo dia, eu estava viajando no andar de cima de um ônibus pela Quinta Avenida, quando escutei uma dona de casa dizer para outra: "Molly, minha querida, eu teria comprado aquela nova marca de sabonete se tivessem composto o texto em Garamond corpo dez." Não acredite em uma história dessa. Aquilo que leva os consumidores a comprar ou não comprar é o *conteúdo* da publicidade, e não a forma dela. Sua tarefa mais importante é decidir o que vai dizer sobre o produto, que benefício vai prometer. Há duzentos anos, o Dr. Johnson disse: "Promessa, a

# Como fazer grandes campanhas

grande promessa é a alma de um anúncio." Quando pôs em leilão os bens da Cervejaria Anchor, ele fez a seguinte promessa: "Não estamos aqui para vender caldeiras e tanques, mas a possibilidade de enriquecer muito além dos sonhos de um avarento."

A seleção da promessa correta é tão importante que você jamais deveria confiar em *suposições* para decidi-la. Na Ogilvy, Benson & Mather, usamos cinco técnicas de pesquisa para definir qual é a promessa mais poderosa.

- Distribuir quantidades do produto para amostras determinadas de consumidores — cada quantidade exibindo na embalagem uma promessa diferente. Depois, comparamos as porcentagens de consumidores de cada amostra que fazem um novo pedido.

- Mostrar aos consumidores cartões em que imprimimos várias promessas, solicitando que eles selecionem aquela que estaria mais apta a fazê-los comprar o produto.

Eis os resultados de um desses testes:

## CREME FACIAL

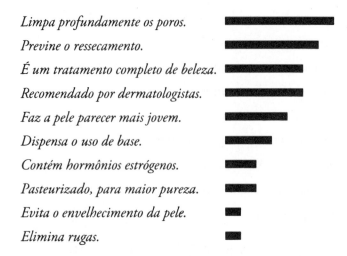

*Limpa profundamente os poros.*
*Previne o ressecamento.*
*É um tratamento completo de beleza.*
*Recomendado por dermatologistas.*
*Faz a pele parecer mais jovem.*
*Dispensa o uso de base.*
*Contém hormônios estrógenos.*
*Pasteurizado, para maior pureza.*
*Evita o envelhecimento da pele.*
*Elimina rugas.*

Dessa votação surgiu um dos cremes faciais de maior sucesso de Helena Rubinstein. Nós o batizamos de Deep Cleanser, algo como "limpador profundo", incluindo a promessa vencedora no próprio nome do produto.

Preparar uma série de anúncios, cada qual criado em torno de uma promessa diferente. Mandamos os anúncios por correio para amostras específicas de consumidoras e contamos o número de pedidos provocados por promessa.

Publicar pares de anúncios na mesma posição, na mesma edição de um jornal, com uma oferta de amostra grátis escondida no texto. Usamos esse artifício para selecionar a promessa mais forte para o sabonete Dove. "Espalhe o creme na pele enquanto toma banho" provocou 63% mais pedidos do que a segunda melhor promessa e tem sido a base de todos os anúncios de Dove até hoje publicados. Esse produto maravilhoso deu lucro no fim do primeiro ano, um feito raro no mundo do marketing hoje em dia.

Selecionar promessas básicas — e que fui proibido pelos meus sócios de contar. Eles me lembram aquela egoísta família de obstetras do século XVIII que fez fortuna partejando mais crianças vivas que quaisquer concorrentes. Ela manteve o segredo por três gerações; foi somente quando um estudante de medicina de grande iniciativa subiu em um muro e espiou através da janela de sua sala de cirurgia, que o desenho do fórceps foi revelado para o mundo.

(2) *A menos que a sua campanha seja criada em torno de uma grande ideia, ela fracassará.*

Não é qualquer cliente que reconhece uma grande ideia à primeira vista. Eu me lembro da ocasião em que apresentava uma ideia verdadeiramente brilhante para um cliente, e ele me disse: "Sr. Ogilvy, o senhor tem aí o *muco* de uma boa ideia."

Quando comecei a redigir anúncios, estava determinado a rasgar novos caminhos, a fazer cada uma

*Confissões de um publicitário*

das minhas campanhas a mais bem-sucedida na história da indústria. Nem sempre fracassei.

(3) *Apresente os fatos.*

Pouquíssimos anúncios contêm informações factuais suficientes para vender o produto. Há uma tradição ridícula entre os redatores de que os consumidores não estão interessados em fatos. Nada poderia estar mais distante da verdade. Estude o texto do catálogo da Sears, Roebuck. Ele vende 1 bilhão de dólares em mercadorias a cada ano oferecendo *fatos*. Em meus anúncios para o Rolls-Royce, eu nada mais oferecia do que fatos. Nada de adjetivos, nada de palavras decorativas.

A consumidora não é uma idiota, ela é igual a sua esposa. Você insultará a inteligência dela se presumir que um mero slogan e alguns adjetivos desenxabidos conseguirão persuadi-la a comprar seja lá o que for. Ela quer toda a informação possível.

Marcas concorrentes estão se tornando cada vez mais parecidas. Os homens que as produzem têm acesso aos mesmos jornais científicos; usam as mesmas técnicas de produção e se guiam pelas mesmas pesquisas. Quando enfrentados com o fato desagradável de que a sua marca é praticamente igual a tantas outras, muitos redatores concluem que não faz

# Como fazer grandes campanhas

sentido contar ao consumidor algo que é comum a todas as marcas; então, limitam-se a explorar pontos de diferença insignificantes. Espero que continuem a cometer esse engano, porque isso nos permite *nos apropriar antecipadamente da verdade* para nossos clientes.

Quando anunciamos Shell, damos fatos para o consumidor — muitos dos quais os outros fabricantes de gasolina poderiam dar também, mas não dão. Quando anunciamos KLM Royal Dutch Airlines, falamos aos viajantes sobre as precauções de segurança que todas as companhias aéreas tomam, mas não mencionam em seus anúncios.

Quando eu era um vendedor de porta em porta, descobri que quanto mais informação eu dava sobre o produto, mais eu vendia. Claude Hopkins fez a mesma descoberta sobre a publicidade, há cinquenta anos. Muitos redatores modernos, no entanto, acham mais fácil escrever anúncios curtos, preguiçosos. Coletar fatos é trabalho pesado.

(4) *Você não pode "aborrecer" as pessoas até que elas comprem.*

A família média é exposta, atualmente, a mais de 1.500 anúncios por dia. Não é de surpreender que as pessoas tenham desenvolvido uma habilidade para

*Confissões de um publicitário*

passar por cima dos anúncios em jornais e revistas e ir ao banheiro durante os comerciais de televisão.

A mulher média lê atualmente apenas quatro dos anúncios que aparecem em uma revista. Ela passa os olhos em outros, mas um relance apenas já basta para lhe informar que o anúncio é chato demais para ser lido. A disputa pela atenção da consumidora se torna mais feroz a cada ano. Ela está sendo bombardeada por um total de 1 bilhão de dólares de publicidade por mês. Cerca de 30 mil marcas estão competindo por um lugar na sua memória. Se quer ser ouvido acima dessa barreira estridente, sua voz deve ser diferente, original. É nossa missão fazer com que as vozes dos nossos clientes sejam ouvidas acima da multidão.

Fazemos anúncios que as pessoas querem ler. Não se podem salvar almas em uma igreja vazia. Se adotar nossas regras, será capaz de atingir mais leitores por dólar.

Certa vez, perguntei a Sir Hugh Rigby, o cirurgião-chefe do rei George V: "O que faz um grande cirurgião?" Sir Hugh respondeu: "Não há muito a distinguir entre os cirurgiões quanto à sua destreza manual. O que destaca o grande cirurgião é que ele *sabe mais* que os outros." O mesmo ocorre com os publicitários. Os bons conhecem o seu ofício.

Como fazer grandes campanhas

(5) *Tenha boas maneiras; não banque o palhaço.*
As pessoas não compram de vendedores mal-educados, e as pesquisas mostram que elas não compram de anúncios mal-educados. É mais fácil convencer as pessoas com um aperto de mão amigável do que batendo com um martelo em sua cabeça.

Você deve tentar *encantar* o consumidor para ele comprar o produto. Isso não significa que os anúncios devam ser engraçadinhos ou cômicos. As pessoas não compram de palhaços. Quando a dona de casa enche o carrinho do supermercado, ela está em um estado de espírito bastante sério.

(6) *Torne a sua publicidade contemporânea.*
A jovem dona de casa de 1963 nasceu depois da morte do presidente Roosevelt. Ela vive em um mundo diferente. Aos 51 anos, estou achando cada vez mais difícil me sintonizar com os recém-casados que estão começando a vida. Por isso, a maioria dos redatores da minha agência é tão jovem. Eles entendem melhor do que eu a psicologia dos consumidores jovens.

(7) *Comitês podem criticar anúncios, mas não são capazes de escrevê-los.*
Muitos anúncios e comerciais de televisão parecem relatórios de reuniões de comitê, e é isso o que são. A

*Confissões de um publicitário*

publicidade parece vender mais quando é escrita por um indivíduo solitário. Ele deve estudar o produto, a pesquisa e as campanhas anteriores. Aí, deve fechar a porta do escritório e redigir o anúncio. O melhor anúncio que já escrevi passou por 17 rascunhos e construiu um negócio.

(8) *Se tiver a sorte de escrever um bom anúncio, repita-o até que ele pare de vender.*

Muitos bons anúncios têm sido descartados antes de perder a potência, em geral porque os patrocinadores se enjoam de vê-los. O famoso anúncio de Sterling Getchel para a Plymouth ("Olhe todos os três") foi publicado só uma vez e foi seguido por uma série de variações inferiores, rapidamente esquecidas. Mas a Escola de Inglês Sherwin Cody publica o mesmo anúncio ("Você comete estes erros de inglês?") há 42 anos, mudando apenas a tipografia e a cor da barba do Sr. Cody.

Você não está anunciando para um exército estacionado; você está anunciando para uma multidão em movimento. Três milhões de consumidores se casam todo ano. O anúncio que vendeu refrigeradores para aqueles que se casaram no ano passado provavelmente terá sucesso com os que se casarão no próximo ano. Um milhão e setecentos mil consumidores morrem por ano e nascem outros quatro milhões. Eles entram no mercado e saem dele. Um anúncio é como a faixa em movimento de um radar, caçando com frequência novos clientes em potencial à medida que estes entram no mercado. *Consiga um bom radar e mantenha-o girando.*

(9) *Nunca escreva um anúncio que sua família não poderia ler.*

Você não mentiria para sua própria mulher. Então, não minta para a minha. Aja como agiria consigo mesmo. Se contar mentiras sobre um produto, será descoberto — seja pelo governo, que o processará, seja pelo consumidor, que o punirá deixando de comprar o produto uma segunda vez.

Bons produtos podem ser vendidos com publicidade *honesta*. Se não acredita que o produto é bom, não o anuncie. Se mente ou enrola, está prestando um desserviço ao cliente, aumentando a carga de culpa e alimentando as chamas do ressentimento público contra todo o negócio da publicidade.

(10) *A imagem e a marca.*

Cada anúncio deve ser concebido como uma contribuição para o símbolo complexo que é a *imagem da marca*. Se você adotar essa visão de longo prazo,

*Confissões de um publicitário*

muitos dos problemas do dia a dia se resolverão por si mesmos.

Como decidir o tipo de imagem a ser construída? Não existe uma resposta curta. Nesse caso, a pesquisa não ajuda muito. Você deve usar o seu julgamento. (Percebo uma relutância crescente dos executivos de marketing a usarem o próprio julgamento. Eles estão sendo levados a confiar demais nas pesquisas, então a usam como um bêbado usa um poste: mais como apoio do que como iluminação.)

A maior parte dos industriais reluta em aceitar qualquer *limitação* à imagem da própria marca. Querem ser tudo para todas as pessoas. Querem que a marca seja uma marca masculina *e* uma marca feminina; uma marca popular *e* para as camadas mais abastadas. Geralmente acabam com uma marca sem personalidade, uma água morna, neutra. Nenhum capão jamais governa o galinheiro.

Noventa e cinco por cento das campanhas hoje em circulação foram criadas sem nenhuma preocupação com essas considerações de longo prazo. Elas foram criadas *ad hoc*. Daí a falta de qualquer consistência de um ano para outro.

É um milagre um industrial conseguir sustentar um estilo coerente em sua publicidade por alguns anos. Pense em todas as forças que atuam para mudá-

## Como fazer grandes campanhas

-lo. Os gerentes de publicidade vêm e vão, os redatores vêm e vão. Até as agências vêm e vão.

É preciso firmeza para manter um estilo, enfrentando todas as pressões para "surgir com algo novo" a cada seis meses. É tragicamente fácil ser empurrado para a mudança. Mas recompensas valiosas esperam pelo anunciante que tem a inteligência para criar uma imagem coerente e a estabilidade para se manter fiel a ela por um bom tempo. Cito, como exemplos, Campbell Soup, Ivory Soap, Esso, Betty Crocker e a cerveja Guinness Stout (na Inglaterra). Os profissionais responsáveis pela publicidade dessas forças perenes entenderam que cada anúncio, cada programa de rádio, cada comercial de TV não é um tiro isolado, mas um investimento a longo prazo na personalidade de suas marcas. Eles apresentaram ao mundo uma imagem consistente e a enriqueceram ao longo do processo.

Nos últimos anos, os pesquisadores foram capazes de dizer qual imagem as velhas marcas adquiriram na mente dos consumidores. Alguns fabricantes estão sendo levados a entender que a imagem de seus produtos têm falhas sérias, prejudicando as vendas. Então, pedem à agência de publicidade que trabalhe na *mudança* da imagem. Essa é uma das operações mais difíceis a se fazer, porque a imagem defeituosa

*Confissões de um publicitário*

foi construída ao longo de muitos anos e resulta de muitos fatores diferentes: publicidade, preço, nome do produto, embalagem, tipo de programas de TV que patrocinou, o tempo que já está no mercado etc.

A maioria dos industriais que acham conveniente mudar a imagem de uma marca quer que ela seja mudada *para cima*. Às vezes, a marca adquiriu uma imagem de "balcão de pechinchas", um valor bastante útil em tempos de crise econômica, mas um grave embaraço em tempos de expansão, quando a maioria dos consumidores está subindo na escala social. Não é fácil fazer uma operação plástica em uma velha marca com imagem de "pechincha". Em muitos casos, talvez fosse mais fácil começar tudo outra vez, com uma marca nova e fresca.

Quanto maior a semelhança entre marcas, menor o papel da razão na seleção delas. Não existe diferença significativa entre as várias marcas de uísque, de cigarro ou de cerveja. São todas mais ou menos iguais. São assim também as misturas para bolos, detergentes e margarinas.

O fabricante que dedicar sua publicidade para construir a *personalidade* mais bem-definida para sua marca conquistará a maior fatia do mercado com o mais alto lucro. Pelo mesmo motivo, os fabricantes que se afogarão nadando contra a corrente são os

# Como fazer grandes campanhas

oportunistas de visão curta, que desviam verbas de publicidade para promoções. Ano após ano, eu me flagro advertindo meus clientes sobre o que acontecerá às suas marcas se eles gastarem tanto em promoções.

Ofertas de descontos e outras dessas injeções hipodérmicas são bem-vistas entre os gerentes de vendas, mas seu efeito é efêmero e elas podem ser viciantes. Diz Bev Murphy, que inventou a técnica Art Nielsen para medir as compras do consumidor e veio a ser presidente da Campbell Soup Company: "Vendas são função do valor do produto e da publicidade. *Promoções não conseguem produzir mais que uma elevação temporária da curva de vendas.*" Jerry Lambert jamais usou promoções para Listerine; ele sabia que subidas repentinas e passageiras em uma curva de vendas tornam impossível a interpretação correta dos resultados da publicidade.

Uma dieta constante de promoções com descontos diminui a estima que o consumidor tem pelo produto; pode ser desejável algo que é sempre vendido com desconto?

Planeje sua campanha para alguns anos à frente, presumindo que os clientes pretendem ficar no mercado para sempre. Construa personalidades definidas para as marcas e mantenha-as com firmeza, ano após ano. É a personalidade total da marca, mais que uma

*Confissões de um publicitário*

diferença trivial do produto, o que decide em definitivo a sua posição no mercado.

(11) *Não seja um ladrão de ideias.*
Rudyard Kipling escreveu um longo poema a respeito de um autodidata, um magnata da navegação chamado Sir Anthony Gloster. No leito de morte, o velho relembra toda a sua vida, como uma contribuição para o filho, e se refere desdenhosamente aos competidores:

*Eles copiaram tudo que puderam observar,*
*mas não puderam copiar a minha mente.*
*Eu os deixei suando e roubando,*
*com um ano e meio de atraso.*

Se alguma vez você tiver a boa sorte de criar uma grande campanha publicitária, logo verá outra agência *roubá-la.* Isso é irritante, mas não deixe que o fato o preocupe; ninguém jamais construiu uma marca imitando a publicidade do outro.

A imitação pode ser "a forma mais sincera do plágio", mas ela é também sinal de uma pessoa inferior.

São esses, então, os princípios gerais que eu inculco em nossos recrutas. Quando convidei um grupo deles,

Como fazer grandes campanhas

que tinha completado seu primeiro ano conosco, a comparar a Ogilvy, Benson & Mather com suas agências anteriores, fiquei agradavelmente surpreso com o número dos que se prenderam ao fato de que nós temos uma doutrina mais bem-definida. Eis o que um deles escreveu:

"A Ogilvy, Benson & Mather tem um ponto de vista consistente, uma opinião corporativa do que constitui boa publicidade. Minha agência anterior não tem nenhuma e, consequentemente, é desorientada."

# VI

## Como escrever anúncios poderosos

### I. TÍTULOS

O título é o elemento mais importante na maioria dos anúncios. Ele é o telegrama que leva o leitor a ler ou não o texto.

Em média, pessoas leem o título cinco vezes mais do que o texto. Ao escrever o título, você já gastou oitenta centavos do seu dólar.

Se não conseguir vender algo no título, jogou fora 80% do dinheiro do cliente. O mais grave de todos os pecados é publicar um anúncio sem título. Essas maravilhas sem-cabeça

# Confissões de um publicitário

ainda existem; eu não invejo o redator que apresenta uma delas para mim.

Uma mudança no título pode fazer uma diferença de 10 para 1 em vendas. Nunca escrevo menos de 16 títulos para um único anúncio e observo certas normas ao escrevê-los:

(1) O título é a "etiqueta no filé". Use-o para etiquetar os leitores que são potenciais consumidores do tipo de produto que você está anunciando. Se está anunciando um remédio para insuficiência da vesícula, coloque as palavras INSUFICIÊNCIA DA VESÍCULA no título; elas chamarão a atenção de todos que sofrerem da moléstia. Se quer que *mães* leiam o anúncio, escreva MÃES no título. E assim por diante.

Inversamente, não diga nada no título que seja capaz de *excluir* quaisquer leitores que poderiam ser consumidores do produto. Assim, se você está anunciando um produto que pode ser usado tanto por homens como por mulheres, não dirija o título apenas para as mulheres. Isso espantaria os homens.

(2) Todo o título deveria apelar para o *interesse* dos leitores. Deveria prometer-lhes um benefício, como no meu título para o Creme Hormonal Helena Rubinstein: COMO AS MULHERES DE MAIS DE 35 PODEM PARECER MAIS JOVENS.

# Como escrever anúncios poderosos

(3) Tente sempre injetar *novidades* em seus títulos, porque o consumidor está sempre à procura de novos produtos, ou de novas maneiras de usar um velho produto, ou de melhorias em um produto antigo.

As duas palavras mais poderosas que podem ser usadas em um título são: GRÁTIS e NOVO. Raramente podemos usar *grátis*, mas quase sempre pode usar *novo* — se fizer algum esforço.

(4) Outras palavras e frases que fazem maravilhas são: COMO, DE REPENTE, AGORA, ANUNCIANDO, APRESENTANDO, EIS AQUI, RECÉM-CHEGADO, IMPORTANTE DESENVOLVIMENTO, APRIMO-RAMENTO, SURPREENDENTE, SENSACIONAL, MARCANTE, REVOLUCIONÁRIO, MARAVILHOSO, MILAGRE, MÁGICO, OFERTA, RÁPIDO, FÁCIL, DE-SEJADO, UM CONSELHO, DESAFIO A, A VERDADE A RESPEITO, COMPARE, PECHINCHA, CORRA, ÚL-TIMA CHANCE.

Não torça o nariz para esses lugares-comuns. Podem estar um pouco desbotados, mas funcionam. É por isso que você os vê aparecerem com tanta frequência nos títulos dos anunciantes de venda pelo correio e de outros que podem medir os resultados de suas campanhas.

Títulos podem ser reforçados pela inclusão de palavras emocionais, tais como: QUERIDO, AMOR, MEDO, ORGULHO, AMIGO e BEBÊ. Um dos anúncios

*Confissões de um publicitário*

mais provocantes criado pela minha agência mostrava uma garota em uma banheira e ao telefone com o amado. O título: *Querido, estou tendo a mais extraordinária experiência... Estou mergulhada em* DOVE.

(5) Cinco vezes mais pessoas leem o título do que o corpo de texto. Portanto, é importante que esses leitores fugazes sejam pelo menos informados sobre qual a marca que está sendo anunciada. Por isso, incluía sempre o nome da marca nos títulos.

(6) Inclua sua promessa de vendas no título — o que leva a títulos longos. Quando a Escola de Varejo da Universidade de Nova York realizou testes com títulos, em cooperação com uma grande loja de departamento, descobriu-se que os títulos de dez palavras, ou mais longos ainda, que continham novidades e informações vendiam sempre mais mercadorias do que os títulos curtos. Títulos contendo de 6 a 12 palavras provocam maior retorno de cupons do que títulos curtos. Não existe diferença significativa entre a leitura de títulos com 12 palavras e a leitura de títulos com 3 palavras. O melhor título que já escrevi continha 18 palavras: *A sessenta milhas por hora o ruído mais alto no novo Rolls-Royce vem do seu relógio elétrico.*[14]

---

14 Quando o engenheiro-chefe da Rolls-Royce leu este título, assentiu com tristeza e disse: "É hora de fazermos alguma coisa com aquele maldito relógio."

## Como escrever anúncios poderosos

(7) É mais provável que as pessoas leiam o corpo do texto se o título despertar curiosidade; então, finalize o título como uma isca para que a leitura continue.

(8) Alguns redatores escrevem títulos *ardilosos* — com trocadilhos, alusões literárias e outras obscuridades. Isso é um pecado.

Em um jornal médio, o título tem de competir com mais de 350 outros pela atenção do leitor. A pesquisa demonstrou que os leitores viajam com pressa por essa selva, não parando para decifrar o significado de títulos obscuros. O título deve *telegrafar* o que você quer dizer, e isso deve ser telegrafado em linguagem simples. Não fique disputando quebra-cabeça com o leitor.

Em 1960, o *Times Literary Supplement* atacou a tradição do exotismo na publicidade britânica chamando-a de "autoindulgente — uma espécie de piada particular da classe média, aparentemente destinada a divertir o anunciante e seu cliente". Amém.

(9) As pesquisas mostram que é perigoso usar *negativas* nos títulos. Se você escreve por exemplo: "Nosso Sal Não Contém Arsênico", muitos leitores podem não perceber a negativa e ficar com a impressão de que está escrito "Nosso Sal Contém Arsênico".

*Confissões de um publicitário*

(10) Evite títulos *mudos* — daquele tipo que nada significa, a menos que você leia o texto que vem abaixo dele; a maioria das pessoas não lê.

## II. TEXTO

Quando você se sentar para escrever o texto, finja que está conversando com uma mulher sentada ao seu lado em um jantar. Ela perguntou: "Estou pensando em comprar um carro novo; qual você me recomendaria?" Escreva o texto como se você estivesse respondendo a essa pergunta.

(1) Não fique dando voltas em torno do problema: vá direto ao ponto. Evite analogias do tipo "tal como, assim também". O Dr. Gallup demonstrou que esses argumentos de dois estágios são geralmente mal-entendidos.

(2) Evite superlativos, generalizações e lugares--comuns. Seja específico e factual. Seja entusiástico, amistoso e inesquecível. Não seja chato. Diga a verdade, mas torne a verdade fascinante.

Qual deve ser o tamanho do texto? Depende do produto. Se você está anunciando goma de mascar, não há muito a dizer, então faça um texto curto. Se, ao contrário, está anunciando um produto que tem muitas e diferentes qualidades a serem recomendadas, escreva um texto longo: quanto mais diz, mais vende.

Existe uma crença universal, entre os leigos, de que as pessoas não lerão um texto longo. Nada poderia estar mais longe da verdade. Certa vez, Claude Hopkins escreveu cinco páginas de sólido texto para a cerveja Schlitz. Em poucos meses, a Schlitz subiu do quinto para o primeiro lugar. Já escrevi uma página de texto maciço para a margarina Good Luck, com os mais gratificantes resultados.

As pesquisas mostram que a leitura cai rapidamente até cinquenta palavras de texto, mas cai muito pouco entre cinquenta e quinhentas palavras. No meu primeiro anúncio para a Rolls-Royce, usei 719 palavras, enfileirando fatos fascinantes, um depois do outro. No último parágrafo, escrevi: "As pessoas que se sentem *acanhadas* de dirigir um Rolls-Royce podem comprar um Bentley." A julgar pelo número de motoristas que reclamaram por causa da palavra *acanhada*, concluí que o anúncio tinha sido lido de ponta a ponta. No anúncio seguinte, usei 1.400 palavras.

Cada anúncio deve ser um *completo* esforço de vendas para o produto. Não é realista presumir que os consumidores lerão uma série de anúncios do mesmo produto. Você deve usar toda a munição em cada anúncio, assumindo que aquela

*Confissões de um publicitário*

será a sua única oportunidade para vender o produto para o leitor — é *agora ou nunca.*

Diz o Dr. Charles Edwards da Escola de Varejo da Universidade de Nova York: "Quanto mais fatos são apresentados, mais você vende. A chance de sucesso de um anúncio cresce invariavelmente à medida que cresce o número de fatos pertinentes ao produto nele incluídos."

Em meu primeiro anúncio para a Operação Bootstrap para Porto Rico, usei 961 palavras e persuadi Beardsley Ruml a assiná-lo. Cerca de 14 mil leitores recortaram o cupom desse anúncio, e muitos deles vieram a estabelecer fábricas em Porto Rico. A maior satisfação profissional que já tive foi ver a prosperidade das comunidades porto-riquenhas, que viveram à beira da fome por quatro séculos, antes que eu escrevesse o meu anúncio. Se eu tivesse me limitado a algumas generalidades vazias, nada teria acontecido.

Fomos capazes até de fazer com que as pessoas lessem textos longos sobre gasolina. Um de nossos anúncios para a Shell tinha 617 palavras, e 22% dos leitores masculinos leram mais da metade delas.

Vic Schwab conta a história de Max Hart (da Hart, Schaffner & Marx) e de seu gerente de publicidade, George L. Dyer, discutindo a respeito de textos longos. Dyer disse: "Aposto dez dólares com você como posso escrever uma página de jornal de texto maciço e você lerá cada palavra dele."

Hart riu da ideia. "Eu não preciso escrever uma só linha para provar meu ponto", respondeu Dyer. "Só vou lhe contar o título: ESTA PÁGINA É TODA SOBRE MAX HART."

Os anunciantes que colocam cupons nos anúncios sabem que texto curto não vende. Em testes de anúncios em *split run*,[15] o texto longo invariavelmente supera o texto curto em resultados.

Será que alguém vai dizer que nenhum redator consegue escrever anúncios longos, a menos que o departamento de mídia lhe dê grandes espaços para explorar? Essa questão nem deveria surgir, porque o redator deve ser consultado antes do planejamento da mídia.

(3) Sempre tente incluir testemunhos no texto. O leitor acha mais fácil acreditar no endosso de outro consumidor do que nas vanglórias escritas por um redator anônimo. Diz Jim Young, um dos melhores redatores vivos: "Todo tipo de anunciante tem o mesmo problema: ser acreditado. Qualquer profissional de venda por correspondência sabe que nada é tão poderoso para esse propósito quanto o

---

15  Teste em que anúncios com características diferentes são publicados em parcelas da tiragem de uma mesma edição de um jornal ou revista, e o retorno em vendas ou cupons é controlado. *[N. do T.]*

*Confissões de um publicitário*

testemunho. Entretanto, o anunciante comum raramente o utiliza."

Testemunhos de celebridades conquistam leitura marcantemente alta, e se são escritos com honestidade também parecem não provocar incredulidade. Quanto mais conhecida for a celebridade, mais leitores serão atraídos. Nós retratamos a Rainha Elizabeth e Winston Churchill nos anúncios "Venha para a Grã-Bretanha", e persuadimos a Sra. Roosevelt a fazer comerciais de televisão para a margarina Good Luck. Quando anunciamos vendas a crédito da Sears, Roebuck, reproduzimos o cartão de crédito de Ted Williams,[16] "recentemente contratado do Boston para a Sears".

Às vezes, você pode criar todo o texto na forma de um testemunho. Meu primeiro anúncio para os carros Austin tomou a forma de uma carta escrita por "um diplomata anônimo" que estava mandando o filho para a Universidade de Groton com o dinheiro que tinha economizado dirigindo um Austin — uma bem-costurada combinação de esnobismo e economia. Aliás, um editor perspicaz da *Time* adivinhou que era eu o diplomata anônimo e pediu um comentário ao

---

16  Ted Williams foi, junto com Joe di Maggio, um dos dois maiores astros do beisebol americano nos anos 1940 e 1950. *[N. do T.]*

# Como escrever anúncios poderosos

reitor da Groton. Dr. Crocker se mostrou tão mal--humorado que eu decidi mandar o meu filho para Hotchkiss.

(4) Outra jogada proveitosa é dar ao leitor conselhos úteis ou serviços. Assim se conquistam 75% mais leitores do que em um texto que trata exclusivamente do produto.

Um de nossos anúncios para Rinso ensinava às donas de casa como remover manchas. Ele foi mais lido, segundo Starch, e mais bem-lembrado, segundo Gallup, que qualquer anúncio de detergente na história. Infelizmente, entretanto, ele se esquecia de exibir a principal promessa de vendas de Rinso: a de que Rinso lava mais branco; por isso, jamais deveria ter sido publicado.[17]

(5) Jamais tive admiração pela *escola literária* de publicidade que atingiu seu pico mais pomposo com o famoso anúncio de Theodore F. MacManus para o Cadillac, "O preço da liderança", e o clássico de Ned Jordan "Em algum lugar a oeste de Laramie".

---

17  A fotografia mostrava vários tipos diferentes de mancha: batom, café, graxa de sapato, sangue etc. O sangue, no caso, era o meu. Eu sou o único redator que já deu o sangue pelo seu cliente.

# Confissões de um publicitário

Há quarenta anos, a comunidade dos negócios parecia se impressionar muito com essas peças de pura literatura, mas eu sempre as achei absurdas. Elas não davam ao leitor um único *fato*. Partilho a opinião de Claude Hopkins de que "escrever com elegância é uma clara desvantagem. Como é, também, o estilo literário invulgar. Eles afastam a atenção do assunto".

(6) Evite ser bombástico. O famoso slogan de Raymond Rubicam para a Squibb, "O ingrediente inestimável de todo o produto é a honra e a integridade do seu fabricante", lembra-me do conselho do meu pai: "Quando uma companhia se vangloria de sua integridade, ou uma mulher de sua virtude, evite a primeira e cultive a segunda."

(7) A menos que você tenha uma razão especial para ser solene e pretensioso, escreva o texto na linguagem coloquial que seus consumidores usam na conversação do dia a dia. Creio que nunca adquiri um ouvido suficientemente bom para o vernáculo estadunidense a ponto de poder escrevê-lo. Mas admiro os redatores que podem explorá-lo, como nesta pérola inédita de um fazendeiro, produtor de leite:

*Carnation Milk is the best in the land,*
*Here I sit with a can in my hand.*

*No tits to pull, no hay to pitch,*
*Just punch a hole in the son-of-a-bitch.*[18]

É um erro usar linguagem rebuscada quando você anuncia para pessoas de pouca cultura. Certa vez, usei a palavra OBSOLETO em um título, apenas para descobrir que 43% das donas de casa não tinham a menor ideia do que significava. Em outro título, usei a palavra INEFÁVEL, apenas para descobrir que eu mesmo não sabia o que ela significava.

Entretanto, muitos redatores da minha geração cometeram o erro de subestimar o nível educacional da população. Philip Hauser, chefe do Departamento de Sociologia da Universidade de Chicago, chama a atenção para as mudanças que estão ocorrendo: "A exposição crescente da população à educação formal [...] poderá ter um efeito importante [...] em mudanças de estilo da publicidade. [...] Mensagens destinadas ao estadunidense 'médio', na suposição de que ele tenha tido menos educação que o mero curso primário, provavelmente acabarão por descobrir uma clientela cada vez menor ou em desaparecimento."[19]

---

18 Leite Carnation é o melhor do mundo, / Aqui estou eu sentado com uma lata na mão. / Sem teta para puxar, nem feno para colher, / Basta na filha da puta um buraco fazer. *[N. do T.]*

19 *Scientific American* (outubro de 1962).

Enquanto isso, todos os redatores deveriam ler a *Arte de falar com simplicidade*, do Dr. Rudolph Flesch, o que os persuadiria a usar palavras, sentenças, parágrafos curtos e um texto altamente *pessoal*.

Aldous Huxley, que já tentou escrever anúncios, concluiu que "qualquer traço de literatice em um anúncio é fatal para o sucesso. Redatores publicitários não podem ser líricos, ou obscuros, ou de qualquer forma esotéricos. Têm de ser universalmente inteligíveis. Um bom anúncio tem isso em comum com o drama e a oratória, que devem ser imediatamente compreensíveis e convencerem diretamente".[20]

(8) Resista à tentação de escrever o tipo de texto que ganha prêmios. Sinto-me sempre gratificado quando ganho um prêmio, mas a maioria das campanhas que produzem *resultados* não ganham prêmios, porque não atraem a atenção para si mesmas.

Os júris que conferem prêmios nunca recebem informação suficiente sobre os *resultados* dos anúncios que são chamados a julgar. Na ausência de tais informações, apoiam-se nas próprias opiniões, que são sempre distorcidas pelo intelectualismo.

---

20 *Essays Old And New* (Harper & Brothers, 1927). Charles Lamb e Byron também escreveram anúncios, assim como Bernard Shaw, Hemingway, Marquand, Sherwood Anderson e Faulkner — nenhum deles com o menor grau de sucesso.

Como escrever anúncios poderosos

(9) Bons redatores sempre resistiram à tentação de *divertir*. Sua realização está no número de novos produtos que lançaram ao sucesso. Em uma classe à parte fica Claude Hopkins, que significa para a publicidade o que Escoffier significa para a culinária. Pelos padrões atuais, Hopkins seria um bárbaro inescrupuloso, mas, tecnicamente, foi o mestre supremo. Em segundo lugar, colocaria Raymond Rubicam, George Cecil e James Webb Young, aos quais faltava a implacável capacidade vendedora de Hopkins; mas eles a compensaram com a honestidade, com o espectro mais amplo do seu trabalho e com a habilidade para escrever textos civilizados, quando a ocasião o exigia. Em seguida, eu colocaria John Caples, especialista da venda por correio, com quem muito aprendi.

Esses gigantes escreveram suas campanhas para jornais e revistas. É muito cedo ainda para identificar os melhores criadores para a televisão.

# VII

## Como ilustrar anúncios e cartazes

ANÚNCIOS

A maioria dos redatores pensa em termos de palavras e devota pouco tempo a planejar ilustrações. No entanto, a ilustração ocupa mais espaço do que o texto e deveria trabalhar tanto quanto ele para vender o produto. Ela deve telegrafar a mesma promessa que você faz no seu título.

A agência Doyle, Dane & Bernbach tem um talento especial para ilustrar anúncios; as fotografias que usou para a Volkswagen são uma classe à parte.

*Confissões de um publicitário*

O *tema* da ilustração é mais importante que a *técnica* usada nela. Como em todas as áreas da publicidade, a substância é mais importante que a forma. Se você tem uma ideia marcante para uma fotografia, não se exige que um gênio clique o obturador. Se você não tem uma ideia marcante, nem mesmo Irving Penn pode salvá-lo.

O Dr. Gallup descobriu que o tipo de foto que ganha prêmios em clubes de fotografia — sensíveis, sutis e lindamente compostas — não funciona em anúncios. O que funciona são as fotografias que excitam a *curiosidade* do leitor. Ele olha a foto e pergunta para si mesmo: "O que está acontecendo aí?" Então, lê o texto para descobrir. Esta é a armadilha a ser montada.

Harold Rudolph chamou esse elemento mágico de *story appeal* [atração narrativa] e demonstrou que, quanto mais disso você injetar na fotografia, mais gente será atraída pelo anúncio. Essa descoberta teve influência profunda nas campanhas produzidas pela minha agência.

Quando fomos convocados a presidir o *début* da Hathaway como anunciante nacional, eu estava decidido a lhes dar uma campanha melhor que a histórica campanha da Young & Rubicam para as camisas Arrow. Contudo, a Hathaway poderia gastar apenas 30 mil dólares, contra os 2 milhões da Arrow. Era preciso um milagre.

Como ilustrar anúncios e cartazes

Tendo aprendido com Rudolph que uma forte dose de atração narrativa faria os leitores darem atenção ao anúncio, imaginei 18 maneiras de introduzir esse ingrediente mágico. A décima oitava era o tapa-olho. A princípio, nós a rejeitamos em favor de uma ideia mais óbvia, mas, a caminho do estúdio, entrei em uma drogaria e comprei um tapa-olho por menos de dois dólares. Jamais saberei com certeza por que aquela campanha se tornou tamanho sucesso. Colocou a Hathaway no mapa depois de 116 anos de relativa obscuridade. Raramente, se é que alguma vez aconteceu, uma marca nacional foi criada de forma tão rápida, ou a um preço tão baixo. Artigos sobre a campanha foram publicados em jornais e revistas pelo mundo afora. Muitos outros fabricantes roubaram a ideia — só na Dinamarca, vi cinco cópias. O que me parecia uma ideia moderadamente boa para uma úmida manhã de terça-feira me tornou famoso. Eu gostaria que a fama viesse de alguma realização mais séria.

À medida que a campanha se desenvolvia, mostrei o modelo em uma série de situações em que eu mesmo gostaria de me encontrar: dirigindo a Filarmônica de Nova York no Carnegie Hall, tocando oboé, copiando um Goya no Metropolitan Museum, dirigindo um trator, esgrimindo, velejando, comprando um Renoir etc. Depois de oito anos da campanha, meu amigo Ellerton Jetté vendeu a empresa

*Confissões de um publicitário*

Hathaway a um financista de Boston, que a revendeu seis meses mais tarde com um lucro de alguns milhões de dólares. Meu lucro total na conta foi de 6 mil dólares. Se eu fosse um financista em vez de um homem de publicidade, estaria rico... e entediadíssimo.

Outro exemplo de atração narrativa foi uma foto que Elliot Erwitt fez para nossa campanha de incentivo ao turismo em Porto Rico. Em vez de fotografar Pablo Casals tocando violoncelo, Erwitt fotografou uma sala vazia, com o violoncelo do grande homem descansando encostado em uma cadeira. *Por que a sala estava vazia? Onde estava Casals?* Essas eram as perguntas que vinham à mente do leitor, que procurava a resposta no texto. Depois de lê-lo, ele fazia reservas para o Festival Casals em San Juan. Durante os primeiros seis anos desta campanha, os gastos de turistas em Porto Rico cresceram de 19 milhões para 53 milhões de dólares por ano. Se você se der ao trabalho de fazer ótimas fotografias para seus anúncios, não só venderá mais, como gozará da estima do público. Fiquei satisfeito quando o professor J. K. Galbraith, um implacável crítico da publicidade, escreveu-me: "Há anos venho me interessando por fotografia e por muito tempo colecionei as dos seus anúncios, como exemplos soberbos, tanto de seleção quanto de produção."

A pesquisa tem demonstrado reiteradamente que fotografias vendem mais que desenhos. Elas atraem mais leitores.

Transmitem mais *appetite appeal*. São mais bem recordadas. Atraem mais cupons e vendem mais mercadorias. Fotografias representam a realidade, enquanto desenhos representam a fantasia, que é menos crível.

Quando assumimos a publicidade "Venha para a Grã--Bretanha", substituímos por fotografias os desenhos que a agência anterior vinha usando. A leitura triplicou e, nos dez anos seguintes, os gastos de turistas estadunidenses na Grã--Bretanha triplicaram.

Lamento lhe aconselhar a não usar desenhos, porque eu gostaria de ajudar os artistas a obterem encomendas para ilustrar anúncios. Mas os anúncios não venderiam, os clientes iriam à falência e, logo, não restariam patrocinadores para dar apoio aos artistas. Se usar fotografias, seus clientes prosperarão o suficiente para comprar pinturas e doá-las às galerias públicas.

Alguns industriais ilustram anúncios com pinturas abstratas. Eu só o faria se desejasse esconder do leitor o produto que desejo vender. É imperativo que a ilustração *mostre literalmente* ao leitor o que está sendo vendido. A arte abstrata não telegrafa a mensagem com rapidez suficiente para ser usada em anúncios.

O único anunciante que fez sucesso com ilustrações não realistas foi o finado Walter Paepcke. A excentricidade de

*Confissões de um publicitário*

sua campanha para a Container Corporation parece ter destacado a companhia dos concorrentes, mas é preciso mais do que uma andorinha para fazer verão. Leitor, cuidado com a excentricidade quando estiver anunciando para pessoas que não são excêntricas.

Fotografias "antes e depois" parecem fascinar leitores e passar a mensagem melhor do que qualquer palavra. O mesmo acontece quando os desafiamos a descobrir a diferença entre duas fotografias similares, como na campanha "Qual das gêmeas usa Toni?".

Quando em dúvida entre qual de duas ilustrações usar, teste o seu poder relativo de impacto, publicando-as em tiragens alternativas de um jornal, pela técnica de *split run*. Usamos essa técnica para resolver a disputa se os anúncios da KLM deveriam ser ilustrados com fotos de aviões ou fotos das cidades de destino. A última opção provocou duas vezes mais cupons-resposta que a primeira. É por isso que todos os anúncios da KLM são ilustrados com fotografias dos destinos.

Quando eu trabalhava para o Dr. Gallup, consegui demonstrar que os frequentadores de cinema estavam mais interessados nos atores do próprio sexo do que nos atores do sexo oposto. Na verdade, existem algumas exceções a essa regra: os símbolos sexuais femininos são fortemente aprovados pelos cinemaníacos masculinos, e as estrelas lésbicas não têm apelo para os homens. Mas, em geral, as pessoas têm maior interesse nas estrelas de cinema com quem podem se identificar. Da mesma forma, o conjunto dos personagens dos sonhos da maioria das pessoas contém mais gente do seu próprio sexo que do sexo oposto.

O Dr. Calvin Hall conta que "a relação entre personagens masculinos e femininos em sonhos masculinos é de 1,7 para 1. Isto [...] acontece também nos sonhos das tribos indígenas Hopi [...] o que talvez prove ser um fenômeno universal".[21]

Observei a mesma força agindo nas reações do consumidor aos anúncios. Quando se usa a fotografia de uma mulher, os homens ignoram o anúncio; quando se usa a fotografia de um homem, você exclui as mulheres da audiência.

Se quiser atrair leitoras femininas, é melhor usar a fotografia de um *bebê*. A pesquisa mostrou que eles cativam duas vezes mais mulheres que as fotografias de *famílias*. Quando já era um bebê, você era o centro de atração de todos os olhares, mas quando se tornou um mero membro da família, já não atraía nenhuma atenção especial.

---

21 A análise de 3.874 sonhos feita pelo Dr. Hall o levou a outras conclusões notáveis, entre elas: "A torneira foi inventada por um homem que desejava um pênis melhor. O dinheiro foi inventado por alguém que desejava acumular um monte maior de fezes. Os foguetes foram inventados por um grupo de animais edipianos insatisfeitos. As casas foram inventadas por aficionados por útero, e o uísque, por fanáticos por seios."

*Confissões de um publicitário*

Aqui, você enfrenta uma dificuldade peculiar. A maior parte dos fabricantes resiste a mostrar bebês nos seus anúncios, porque eles não são consumidores. Por isso, querem que você mostre toda a família.

Uma das tarefas mais agradáveis na publicidade é a seleção de garotas bonitas para aparecer em anúncios e comerciais de televisão. Eu me delegava essa função, mas desisti depois de comparar meu gosto pessoal com o das consumidoras. O gosto dos homens não é nada igual ao das mulheres.

Anúncios são, em média, duas vezes mais lembrados quando ilustrados em *cores*.

Evite temas históricos. Podem ser eficientes para publicidade de uísque e para mais nenhuma outra.

Não mostre close-ups de rostos; ao que parece, eles afastam os leitores.

Mantenha a ilustração tão simples quanto possível, com o foco de interesse em uma única pessoa. Cenas de multidão não atraem.

Evite situações estereotipadas, tais como donas de casa sorridentes apontando para refrigeradores abertos.

Se você estiver num beco sem saída, talvez ache útil este conselho:

> Se o seu cliente gemer e implorar,
> O logotipo você deve duplicar.

# Como ilustrar anúncios e cartazes

Se mesmo assim não houver aprovação,
Ponha a fábrica na ilustração.
E se sentir que a derrota é iminente,
Apele: ponha a foto do cliente.

Duplicar o tamanho do logotipo é uma boa decisão, pois a maioria dos anúncios é deficiente na identificação da marca.

Mostrar o rosto do cliente é também um estratagema melhor do que pode parecer, porque o público está mais interessado em personalidades do que em corporações. Alguns clientes, como Helena Rubinstein e o comandante Whitehead, podem ser projetados como símbolos humanos dos próprios produtos.

No entanto, nunca é inteligente mostrar "uma foto da fábrica". A menos que a fábrica esteja à venda.

A maioria das escolas de arte que preparam estudantes incautos para a carreira de publicidade ainda subscreve a mística da Bauhaus. Sustentam que o sucesso de um anúncio depende de coisas como "equilíbrio", "movimento" e "design". Mas podem elas *prová-lo*?

Minhas pesquisas sugerem que esses intangíveis estéticos não aumentam as vendas, e não consigo esconder minha hostilidade para com a velha escola de diretores de arte que levam a sério tais pregações. Imagine meu horror quando o

*Confissões de um publicitário*

seu "colégio de cardeais", o augusto Art Directors Club, deu a Henry Luce, Frank Stanton, Henry Ford e a mim mesmo prêmios especiais "por encorajar os diretores de arte a trabalhar no melhor clima possível". Não sabem eles que eu estimulo a guerra contra a "arte-diretorite", a doença que reduz as campanhas de publicidade à impotência?

Eu não inscrevo mais os layouts da minha agência nos concursos realizados pelas sociedades de diretores de arte por medo de que algum deles, desgraçadamente, venha a ser premiado. Os deuses deles não são os meus deuses. Tenho minha própria lei, e ela nasce da observação do comportamento humano, como é registrado pelo Dr. Gallup, pelo Dr. Starch e pelos peritos na venda por reembolso postal.

Faça o layout sempre adequado à publicação em que vai aparecer e nunca o aprove antes de ter visto como ele fica quando grudado na tal publicação. A prática quase universal de aprovar layouts no *nada*, montados em cartões cinza e cobertos com celofane, é perigosamente enganadora. Um layout tem de se associar com o clima gráfico do veículo que vai publicá-lo. Um cliente jovem e inexperiente me disse uma vez: "Percebi qual dos seus layouts era o melhor logo que os vi pregados na minha parede." Esse não é o ambiente em que os leitores veem os anúncios.

Não é necessário que os anúncios pareçam anúncios. Se você os fizer parecidos com as páginas editoriais, atrairá

# Como ilustrar anúncios e cartazes

cerca de 50% mais leitores. Talvez ache que o público poderia se ressentir desse truque, mas não existe evidência de que o faça.

Nossos anúncios para o isqueiro Zippo são desenhados com o mesmo tipo de simplicidade direta utilizada pelos editores da *Life*. Nenhuma superficialidade. Nenhuma confusão. Nenhum uso artístico da tipologia com propósitos decorativos. Nada escrito a mão. Nenhum logotipo. Nada de símbolos. (Logotipos e símbolos eram valiosos nos velhos tempos, porque tornavam possível aos analfabetos identificar a marca. Mas o analfabetismo desapareceu dos Estados Unidos, e hoje em dia você pode confiar em nomes impressos para se identificar.)

Editores de revistas descobriram que as pessoas leem as legendas explicativas sob as fotografias mais do que o texto do artigo; isso também é verdade em anúncios. Quando analisamos a pesquisa Starch sobre anúncios publicados na *Life*, descobrimos que, em média, *duas vezes* mais pessoas leem a legenda do que leem o corpo de texto. Assim, as legendas lhe oferecem o dobro da audiência que você conquista com o texto. Conclui-se que você jamais deveria usar uma fotografia sem colocar uma legenda embaixo dela, e cada legenda deveria ser uma miniatura do anúncio, incluindo o nome do produto e a promessa.

*Confissões de um publicitário*

Se puder fazer o texto com menos de 170 palavras, deve colocá-lo como uma legenda, embaixo da fotografia, como fizemos em nossos anúncios de revista para o chá Tetley.

Se precisar de um texto muito longo, há algumas fórmulas reconhecidas como incrementadoras da leitura:

(1) Um subtítulo destacado, de duas ou três linhas, entre o título e o texto, aumentará o apetite dos leitores pelo festim que está por vir.

(2) Se você começar seu texto com uma grande letra inicial, aumentará a leitura em uma média de 13%.

(3) Mantenha o parágrafo inicial limitado a um máximo de 11 palavras. Um primeiro parágrafo longo espanta os leitores. Todos os seus parágrafos deveriam ser tão curtos quanto possível; parágrafos longos são cansativos.

(4) Depois de 5 a 8 centímetros de texto, insira o primeiro intertítulo; e daí por diante tempere com alguns intertítulos ao longo do texto inteiro. Eles vão conduzir o leitor adiante. Faça alguns deles sob forma interrogativa, para excitar a curiosidade sobre o próximo bloco de texto. Uma sequência engenhosa de intertítulos destacados pode transmitir a essência de

## Como ilustrar anúncios e cartazes

toda a sua proposta de vendas aos leitores apressados, preguiçosos demais para palmilhar todo o texto.

(5) Componha o texto em colunas não maiores do que quarenta letras de largura. A maioria das pessoas adquire hábitos de leitura nos jornais, que usam colunas de cerca de 26 letras. Quanto mais largura, menos leitores.

(6) Tipos menores do que o corpo 9 são de difícil leitura para a maioria das pessoas. Este livro está composto em corpo 13, entrelinha 19.

(7) Tipos serifados, como este, são mais fáceis de ler do que tipos sem serifa, como este. A turma da Bauhaus não sabe disso.

(8) Quando eu era garoto, era moda fazer os redatores blocarem o final de cada parágrafo. Desde então, foi descoberto que as "viúvas" incrementam a leitura. Exceto no final de uma coluna, quando elas tornam mais fácil para o leitor abandonar a leitura.

(9) Quebre a monotonia de um texto longo colocando parágrafos-chave em **negrito** ou *itálico*.

(10) Insira ilustrações de vez em quando.

(11) Auxilie a leitura dos parágrafos usando setas, pontos, asteriscos e marcas nas margens.

*Confissões de um publicitário*

(12) Se você tem uma porção de fatos não relacionados entre si para citar, não tente relacioná-los com conectivos enfadonhos; *numere-os*, simplesmente, como estou fazendo aqui.

(13) Nunca componha o seu texto em **negativo** (letras brancas em um fundo preto) e sobre um fundo cinza ou de cor. Diretores de arte da velha escola acreditavam que esses artifícios forçavam as pessoas a lerem o texto; agora sabemos que eles tornam a leitura fisicamente impossível.

(14) Se você usar entrelinhas (espaços) entre os parágrafos, aumentará a leitura em uma média de 12%.

Quanto mais mudanças de tipografia você faz no título, menos pessoas irão lê-lo. Na minha agência, usamos a mesma família tipográfica, o mesmo tamanho e peso de ponta a ponta nos títulos. Componha o título — e, é claro, todo o seu anúncio — em caixa baixa. LETRAS MAIÚSCULAS SÃO MAIS DIFÍCEIS DE LER, PROVAVELMENTE PORQUE APRENDEMOS A LER em minúsculas. As pessoas leem todos os livros, jornais e revistas em letras minúsculas.

Jamais desfigure sua ilustração imprimindo o título sobre ela. Diretores de arte adoram fazê-lo, mas isso reduz a atenção ao anúncio em uma média de 19%. Editores de jornais jamais

Como ilustrar anúncios e cartazes

o fazem. De modo geral, imite os editores. Eles formam os hábitos de leitura dos nossos consumidores.

Quando o anúncio precisa conter um cupom e você quer o máximo de retorno, ponha-o no alto da página, em destaque, no centro do alvo. Essa posição atrai 80% mais cupons que a tradicional, no canto inferior direito da página. (Nem 1% dos publicitários sabe disso.)

H. L. Mencken disse, certa vez, que ninguém jamais foi à falência por ter subestimado o gosto do consumidor estadunidense. Não é verdade. Aprendi a acreditar que vale a pena fazer com que todos os layouts transmitam uma sensação de bom gosto, desde que seja feito com discrição. Um layout feio sugere um produto feio. São muito poucos os produtos que não se beneficiam de receber uma passagem de primeira classe para a vida. Em uma sociedade socialmente ascendente, as pessoas não querem ser vistas consumindo produtos que seus amigos consideram de segunda classe.

## PAINÉIS

Há pouco tempo recebi emocionante tributo a um dos meus painéis, na forma de uma carta do pastor da Igreja Batista Etíope na Califórnia:

*Confissões de um publicitário*

Prezado Sr. Ogilvy,

Sou o líder de um pequeno grupo religioso que está espalhando a palavra do Senhor nas rodovias da Califórnia. Gastamos um bocado com publicidade em painéis e temos muitos problemas, dado o alto custo das artes. Vi o painel da Schweppes, *aquele com um homem barbado e com os braços abertos*. Gostaria de saber se o senhor poderia mandar a fotografia para mim quando não precisar mais dela. Nós imprimiríamos nela as palavras "Jesus Salva" e a colocaríamos pelas estradas da Califórnia, disseminando a palavra do Senhor.

Se o rosto do meu cliente pudesse ser identificado com o do Filho de Deus, nunca mais teríamos que gastar um centavo em publicidade, e todo o mundo batista seria convertido para

# Como ilustrar anúncios e cartazes

a Schweppes. Minha imaginação balançou. Só o medo de perder minhas comissões me persuadiu a dizer ao pastor que o comandante Whitehead não estava à altura desse papel divino.

Jamais gostei de painéis. O motorista que passa não tem tempo para ler mais do que seis palavras no cartaz, e minha experiência inicial como vendedor de porta em porta me convenceu de que é impossível vender alguma coisa com apenas seis palavras. Em um anúncio de jornal ou de revista, posso usar centenas de palavras. Painéis são para fazedores de *slogans*.

Como pessoa, tenho paixão pela paisagem. E nunca vi uma paisagem que tenha sido melhorada por um painel. Onde a paisagem é tão agradável, o homem atinge sua máxima vilania ao erguer um painel. Quando me aposentar da Madison Avenue, vou fundar uma sociedade secreta de vigilantes mascarados que viajarão pelo mundo afora, em silenciosas bicicletas motorizadas, derrubando painéis na escuridão das noites sem luar. Quantos tribunais nos condenarão quando formos pegos nesses atos de benefício à cidadania?

Os donos dos painéis são lobistas inescrupulosos. Usaram os piores métodos para torpedear a legislação que proibia os cartazes nas rodovias de alta velocidade nos Estados Unidos. Alegaram que a indústria dos cartazes emprega milhares de trabalhadores. Os bordéis também.

*Confissões de um publicitário*

Enfim, os painéis continuam aí, e mais cedo ou mais tarde você poderá ser convocado a criar um deles. Então, vamos lá...

Tente fazer do seu painel um *tour de force*, aquilo que Savignac chama de "um escândalo visual". Se você exagerar o escândalo, vai parar o tráfego e causar acidentes fatais.

Na Europa é moda, faz tempo, criticar os cartazes estadunidenses por serem de tão baixo nível. Ninguém pode fingir que eles se igualem, esteticamente, com os pôsteres de Cassandre, Leupin, Savignac e McKnight Kauffer. Mas, venhamos e convenhamos, há razão para acreditar que o estilo cafona estadunidense vai mais direto ao ponto e é mais bem lembrado que os designs mais elegantes dos artistas europeus.

Durante a Segunda Guerra Mundial, o governo canadense contratou meu antigo patrão, o Dr. Gallup, para medir a eficiência relativa de alguns pôsteres de recrutamento. O Dr. Gallup descobriu que os que davam melhor resultado com a maioria das pessoas eram os que usavam fotografias ou arte realista. Desenhos simbólicos ou abstratos não comunicavam a mensagem com rapidez suficiente.

O cartaz deve transmitir a promessa de venda do seu produto não apenas em palavras, mas também em ilustração. Apenas uma meia dúzia de publicitários tem o talento para fazê-lo, e eu não sou um deles.

Se o seu cartaz se dirige a motoristas na estrada, precisa fazer seu trabalho em apenas *cinco segundos*. A pesquisa demonstrou que o cartaz comunicará mais rapidamente se usarmos cores puras, fortes. Nunca use mais de três elementos na composição e destaque-os contra um fundo branco.

Acima de tudo, use a maior letra possível (sem serifa) e faça o nome da sua marca visível de um relance. Isso raramente acontece.

Se seguir essas diretrizes simples, produzirá cartazes que atingirão o objetivo. No entanto, preciso adverti-lo de que os apreciadores da arte contemporânea vão odiar você. Pior ainda, talvez você seja crucificado como um renegado.

# VIII

# Como fazer bons comerciais de televisão

"Os poucos segundos de um comercial de televisão", diz Stanhope Shelton, "caberão em uma caixinha de uns 6 centímetros de diâmetro. O conteúdo dessa pequena caixinha representa várias semanas do esforço concentrado de pelo menos trinta pessoas. E pode fazer a diferença entre o lucro e o prejuízo".

Descobri que é mais fácil dobrar o poder de venda de um comercial do que dobrar a audiência de um programa. Isso talvez seja novidade para os fidalgos de Hollywood, que produzem os programas e olham de cima para baixo para nós, obscuros redatores que escrevemos os comerciais.

*Confissões de um publicitário*

O objetivo de um comercial não é *divertir* o telespectador, mas *vender* para ele. Horace Schwerin conta que não existe correlação entre as pessoas *gostarem* dos comerciais e *que eles as convençam a comprar*. Mas isso não significa que os comerciais devem ser deliberadamente malcomportados. Ao contrário, existem razões para acreditar que eles devem ser humanos e amistosos, se você puder fazê-lo sem se tornar pegajoso.

Nos primórdios da televisão, cometi o erro de confiar nas palavras para fazer a venda. Eu estava acostumado com o rádio, onde não existe imagem. Agora sei que, na televisão, as *imagens* precisam contar a história. O que você *mostra* é mais importante do que o que *diz*. Palavras e imagens devem caminhar juntas, reforçando-se mutuamente. A única função das palavras é explicar o que as imagens estão mostrando.

O Dr. Gallup afirma que, se você diz uma coisa e não a ilustra, o espectador a esquece. Concluo que, se você não mostra algo, não há por que o dizer. Experimente projetar seu comercial com o som desligado; se ele não vende sem o som, é inútil.

A maioria dos comerciais atordoa o espectador, afogando-o em uma torrente de palavras. Aconselho que você se restrinja a noventa palavras por minuto.

É verdade que podem ser transmitidos mais pontos de venda em um comercial de televisão que em um anúncio

## Como fazer bons comerciais de televisão

impresso. Só que os comerciais mais eficazes são construídos em torno de um ou dois pontos apenas, expostos com simplicidade. Uma confusão de muitos pontos deixa o espectador impassível. Por isso, os comerciais nunca devem ser criados em comitê. Concessões não têm lugar na publicidade. Seja lá o que você faça, *faça até o fim*!

Ao anunciar em revistas e jornais, comece atraindo a atenção do leitor. Mas, na televisão, o espectador já está atento — a grande questão é não deixá-lo se distrair. É fatal anunciar que ela está prestes a ouvir "uma palavra amiga do nosso patrocinador". Seu humor reagirá a esse estímulo como os cães de Pavlov reagiam ao som da campainha: ele vai sair da sala.

O objetivo da maioria dos comerciais é transmitir sua promessa de venda de tal maneira que o espectador se lembre dela na próxima vez em que for às compras. Portanto, aconselho que repita sua promessa, pelo menos, duas vezes no comercial, que a ilustre com imagens e a imprima na tela como um título ou uma sobreposição de letreiro.

A consumidora média, pobre coitada, é sujeita hoje em dia a 10 mil comerciais por ano. Assegure-se de que ela reconhece o nome do produto que está sendo anunciado no comercial. Repita-o *ad nauseam* do princípio ao fim.[22] Mostre-o, pelo

---

22 Uma de minhas irmãs sugeriu que o nome da nossa agência deveria ser mudado para Ad Nauseam Sociedade Anônima.

*Confissões de um publicitário*

menos, uma vez em um título. E mostre-lhe a embalagem que você quer que ela reconheça na loja.

Faça do seu produto o herói do comercial, como ele é o herói em nosso famoso comercial para o café Maxwell House — apenas uma cafeteira e uma xícara de café — "Bom até a última gota". (Não fui eu que inventei esse *slogan*; foi Theodore Roosevelt.)

Na publicidade em televisão, temos exatamente 58 segundos para fazer uma venda, e o cliente está pagando 500 dólares por segundo.[23] Não perca tempo com preliminares irrelevantes. Comece a vender no seu primeiro *frame* e não pare de vender até o último.

Para produtos que se prestam à venda por demonstração — como ingredientes de cozinha, maquilagem e remédios para sinusite —, a televisão é o mais poderoso meio de publicidade já inventado. O êxito em seu uso depende, antes de mais nada, de talento para criar demonstrações *acreditáveis*. A divulgação de alguns dos processos da Comissão Federal de Comércio tornou o público nos Estados Unidos desconfiado de truques.

O Dr. Gallup é uma fonte de informações úteis sobre como o público reage a diferentes tipos de comercial. Ele nos

---

23 Até os anos 1970, a grande maioria dos comerciais na TV estadunidense tinha 60 segundos de duração. *[N. do T.]*

Como fazer bons comerciais de televisão

ensina que comerciais que começam pela exposição de um problema e do produto sendo uma solução e comprovando, em seguida, a solução com uma demonstração, convencem quatro vezes mais pessoas do que os comerciais que fazem apenas um discurso sobre o produto.

O Dr. Gallup explica também que os comerciais com um forte elemento de *novidade* são eficazes. Portanto, extraia até a última gota o valor de novidade dos elementos disponíveis para os seus comerciais.

Mas, às vezes — o que se vai fazer? —, não existem quaisquer novidades. Talvez seu produto já esteja no mercado há algumas gerações e não houve nenhuma melhoria significativa em sua fórmula. Alguns produtos não conseguem se apresentar como solução para nenhum problema. Alguns não se prestam a demonstrações. O que fazer quando esses trunfos garantidos lhe são negados? Você desiste? Não necessariamente. Existe outra jogada disponível, capaz de mover montanhas: *emoção* e *clima*. Essa é uma jogada difícil de usar sem provocar o escárnio do espectador, mas tem sido utilizada com sucesso na Europa, notavelmente pela Mather & Crowther em seus comerciais para os cigarros Player's.

O consumidor médio vê, atualmente, 900 comerciais por mês. A maioria deles escorre da memória como a água das costas de um pato. Por isso, dê aos seus comerciais um toque de singularidade, um carrapicho que fará com que eles se

*Confissões de um publicitário*

agarrem na mente do consumidor. Mas faça isso com muito cuidado. O telespectador pode se lembrar da isca, mas esquecer a sua promessa de vendas.

Às duas da madrugada de uma certa noite, acordei de um sono agitado com um "gancho" desses em minha mente e o anotei: abrir os comerciais da Pepperigde Farm com Titus Moody dirigindo uma carruagem de padeiro puxada por uma parelha de cavalos ao longo de uma estrada no campo. Deu certo.

Não *cante* sua mensagem de vendas. Vender é um negócio sério. Como você reagiria se fosse à Sears para comprar uma frigideira e o vendedor começasse a cantar um jingle para você?

A sinceridade me obriga a dizer que não tenho uma pesquisa conclusiva para apoiar meu ponto de vista de que os jingles são menos persuasivos do que a locução. Baseio-me nas dificuldades que sempre tive para entender as palavras nos jingles e em minha experiência como vendedor de porta em porta; jamais cantei para os meus fregueses. Os anunciantes que acreditam no poder de venda dos jingles nunca tiveram que vender nada.

Esse meu preconceito não é compartilhado por todos os meus colegas. Quando saio de férias, eles ocasionalmente têm tempo para pespegar um jingle num de nossos clientes, e pelo

204

Como fazer bons comerciais de televisão

menos um deles fez o céu retumbar. Essa exceção comprova a minha regra.[24]

As telas dos cinemas têm 13 metros de largura. Tamanho suficiente para cenas de multidão e tomadas de longa distância. Mas a tela da televisão tem menos de 60 centímetros de largura, o que não é tamanho suficiente para *Ben-Hur*. Aconselho que você use nada mais que close-ups extremos nos comerciais de televisão.

Evite situações vulgarizadas — gente em êxtase ao comer e beber, famílias exibindo companheirismo e todos os outros clichês da pobre e velha Madison Avenue. Elas não provocam o interesse dos *consumidores* em *comprar* seu produto.

---

24 Depois de ter escrito esse parágrafo, examinei pesquisas sobre dois comerciais de uma famosa marca de margarina. Eles eram idênticos, exceto pelo fato de que, em um, as palavras eram ditas, enquanto no outro, cantadas. A versão falada convenceu três vezes mais consumidores do que a versão cantada.

# IX

## Como fazer boas campanhas para produtos alimentícios, destinos turísticos e remédios

A maioria dos mandamentos deste livro e a pesquisa da qual se originam têm a ver com a publicidade em geral. Mas cada categoria de produto apresenta problemas especiais próprios. Ao anunciar um detergente, por exemplo, decida se vai prometer que o produto vai lavar mais limpo ou mais brilhante. Ao anunciar uísque, decida o destaque que dará à garrafa. Ao anunciar desodorante, decida se a ênfase maior será dada ao fato de que ele "desodoriza" a consumidora, ou de que evita o suor.

*Confissões de um publicitário*

## PRODUTOS ALIMENTÍCIOS

A publicidade para produtos alimentícios apresenta muitos problemas específicos. Por exemplo, como fazer a comida parecer apetitosa em uma tela de televisão? Pode alguma combinação de *palavras* persuadir o leitor de seu anúncio de que um produto alimentício é *saboroso*? Quão importantes são as *promessas de nutrição*? Você deve mostrar gente comendo o produto?

Tentei responder a essas questões por meio da pesquisa. O que consegui aprender pode ser condensado em 22 mandamentos:

*Mídia impressa*

(1) Construa o seu anúncio em torno da atração do *apetite*.

(2) Quanto maior a ilustração do alimento, mais se provoca o apetite.

(3) Não mostre pessoas em anúncios de alimentos. Elas ocupam espaço que seria mais bem-empregado para a comida em si.

(4) Use cor. Comida parece mais apetitosa em cores do que em preto e branco.

(5) Use fotografias — elas excitam o apetite mais do que as ilustrações.

Como fazer boas campanhas...

(6) Uma fotografia é melhor do que duas ou mais. Se você tem que usar várias fotografias, torne uma delas dominante.

(7) Publique uma *receita* sempre que puder. A dona de casa está sempre à procura de novas maneiras de agradar a família.

(8) Não esconda sua receita no miolo do texto. Destaque-a, forte e claramente.

(9) Ilustre sua receita na fotografia principal.

(10) Não imprima a receita sobre retículas, ela será lida por muito mais mulheres se você a imprimir sobre o papel limpo e branco.

(11) Inclua *novidades* nos anúncios sempre que puder — novidades sobre um novo produto, a melhora de um velho produto ou um novo uso para um produto antigo.

(12) Dê um título específico, e não genérico.

(13) Inclua o nome da marca no título.

(14) Coloque o título e o texto *embaixo* da imagem.

(15) Exiba a embalagem com destaque, mas não deixe que ela domine a apetitosa fotografia.

209

# Confissões de um publicitário

(16) Seja sério, não use humor ou fantasia. Não seja engraçadinho no título. Alimentar a família é um assunto sério para a maioria das donas de casa.

*Televisão*

(17) Mostre como *preparar* o produto.

(18) Use o recurso do problema-solução sempre que puder fazê-lo sem forçar a situação.

(19) Sempre que possível, forneça *novidades* e mostre-as vistosa e claramente.

(20) Mostre o produto *logo no início* do comercial.

(21) Não use o som gratuitamente. Use efeitos sonoros somente quando forem relevantes para o produto — o borbulhar de uma cafeteira, o chiado de um filé, o som crocante do cereal.

(22) Comerciais existem para vender. Não permita que a *diversão* domine.

## DESTINOS TURÍSTICOS

A experiência como criador publicitário para a British Travel & Holidays Association, para Porto Rico e para o Serviço Turístico dos Estados Unidos me levou a algumas conclusões

Como fazer boas campanhas...

sobre como se cria boa publicidade de turismo. Elas podem ser assim sumarizadas:

(1) Publicidade para destinos turísticos tem por objetivo afetar a imagem do país em questão. É politicamente importante que o efeito seja *favorável*. Se você faz um anúncio de baixo nível, vai fazer as pessoas pensarem que se trata de um país de baixo nível.

(2) Turistas não viajam milhares de quilômetros para ver aquilo que podem ver dobrando a esquina. Por exemplo, gente que vive na Suíça jamais será persuadida a viajar 8 mil quilômetros para ver as montanhas do Colorado. Anuncie o que é *exclusividade* de seu país.

(3) Seus anúncios devem estabelecer na mente do leitor uma imagem que ele *jamais esqueça*. O período de gestação entre a leitura de um anúncio e a compra de uma passagem costuma ser muito longo.

(4) Seus anúncios aparecem em veículos lidos por pessoas com condições de fazer viagens de longa distância. Essas pessoas são bem-educadas. Não insulte a inteligência delas; escreva em linguagem adulta — não com os lugares-comuns da publicidade convencional de turismo.

*Confissões de um publicitário*

(5) A maior barreira às viagens internacionais é o custo. Seus anúncios devem ajudar o leitor a racionalizar o custo da jornada, vendendo os destaques culturais e de status.

(6) Hábitos de viagem são peculiarmente sujeitos à *moda*. Seus anúncios devem pôr o país no mapa como sendo o lugar para onde "todo mundo" está indo. Popularidade funciona como mágica no turismo.

(7) As pessoas *sonham* com lugares distantes. Seus anúncios devem converter os sonhos delas em ação, transformando uma energia potencial em energia cinética. A melhor maneira de fazê-lo é oferecer ao leitor informações específicas sobre como realizar um sonho. Uma combinação de fotografias "que dão água na boca" e informação específica foi o que trouxe os melhores resultados para o turismo britânico, estadunidense e porto-riquenho.

(8) Cuidado com assuntos esotéricos. Eles podem interessar os nativos do país que patrocina a campanha, mas o turista estrangeiro — o consumidor — está aí para colecionar lugares-comuns.

Meus anúncios "Venha para a Grã-Bretanha" foram muito bem-sucedidos, mas sofreram uma carga violenta de crítica na imprensa britânica. A acusação usada contra eles foi de que prejudicavam o prestígio britânico porque projetavam uma imagem antiquada. Muitos chalés com telhado de palha, muita pompa e circunstância. Sou censurado por criar a impressão de que a Inglaterra é um pequeno reino bucólico, vivendo das glórias de um passado antigo. Por que não mostrei a Inglaterra como "ela realmente é", o estado pleno de vitalidade, industrializado, rico, que deu ao mundo a penicilina, os motores a jato, Henry Moore e as usinas atômicas?

Embora esse tipo de pensamento talvez seja *politicamente* válido, o único propósito da campanha é atrair turistas, e nenhum estadunidense vai atravessar o oceano para visitar uma usina nuclear. Ele prefere visitar a Abadia de Westminster; e eu também.

Ao decidir quais países visitar, o turista estadunidense é influenciado pela atitude em relação aos habitantes locais. Minhas pesquisas mostram que ele espera que os britânicos sejam polidos, cultos, honestos, diretos, limpos e dignos. Mas também espera que sejam reservados, pomposos e sombrios. Portanto, em nossa campanha, fazemos tudo para corrigir os aspectos desagradáveis desse estereótipo, escrevendo sobre a amabilidade do povo inglês.

*Confissões de um publicitário*

Fiquei surpreso ao descobrir que os turistas estadunidenses não viajam "guiados pelo estômago". Graduado que fui em uma cozinha francesa, acho difícil acreditar que tais turistas gostem mais da cozinha inglesa do que da cozinha francesa, mas esse é o caso. Eles não conseguem ler os cardápios franceses e detestam molhos marcantes.

A Inglaterra também não sofre desvantagem perante a França quando se trata de matar a sede desse turista. Pode ser que ele não aprecie a cerveja inglesa, mas gosta mais de beber uísque escocês do que clarete — uma preferência compartilhada por um número crescente de franceses. Estamos vivendo tempos terríveis!

Certa vez, flagrei-me conspirando com um ministro britânico sobre como conseguiríamos persuadir o Tesouro de Sua Majestade a soltar mais dinheiro para a publicidade do turismo britânico nos Estados Unidos. Disse-me ele: "Por que razão um cidadão dos Estados Unidos, em pleno juízo, haveria de gastar suas férias na umidade fria de um verão inglês, quando pode, com a mesma facilidade, ir se aquecer sob os céus da Itália? Eu só posso supor que a sua publicidade é a resposta."

Absolutamente certo!

Como fazer boas campanhas...

## REMÉDIOS

Anunciar remédios é uma arte especial. Aqui, expostos com o dogmatismo da brevidade, estão os princípios que recomendo aos que praticam essa arte:[25]

(1) Um bom anúncio para remédios de venda liberada se baseia na "diferença competitiva" entre uma marca e os concorrentes.

(2) Um bom anúncio de remédio contém *novidades*. As novidades podem estar em um novo produto, um novo aspecto de um produto já existente, um novo diagnóstico ou um novo nome para uma moléstia familiar — como "halitose".

(3) Um bom anúncio de remédio tem um ar de *seriedade*. O desconforto físico não é tema de piada para quem está sofrendo. O sofredor gosta que reconheçam que sua queixa é real.

(4) Um bom anúncio de remédio demonstra *autoridade*. Existe um relacionamento médico-paciente inerente aos textos sobre medicamentos, não apenas uma relação vendedor-comprador.

---

25 Agradeço a Louis Redmond pela ajuda que me deu para chegar a esses princípios.

*Confissões de um publicitário*

(5) O anúncio não deve apenas propagar os méritos do produto, deve também explicar a *moléstia*. O paciente deve sentir que aprendeu algo sobre o seu estado.

(6) Não abuse da credulidade. Uma pessoa que sofre quer acreditar que você pode ajudá-la. Esse desejo de acreditar é um ingrediente ativo na eficácia do produto.

# X

# Como atingir o topo na carreira (conselho aos jovens)

Um dos meus ancestrais irlandeses entrou para o serviço da John Company e conseguiu "sacudir a árvore dos pagodes".[26] Em outras palavras, fez fortuna. Agora eu próprio já sou um ancestral e gasto minhas horas despertas sacudindo a árvore dos pagodes na Madison Avenue. Como se faz isso? Tendo observado por 14 anos a carreira dos meus funcionários, identifiquei um padrão de comportamento que leva rapidamente ao topo.

---

26 "Árvore do dinheiro" — Pagode era antiga moeda indiana — "To shake the pagoda tree": enriquecer rapidamente. *[N. do T.]*

*Confissões de um publicitário*

Primeiro, você tem que ser ambicioso, mas não pode ser tão cruamente agressivo a ponto de seus companheiros de trabalho perceberem e quererem destruí-lo. *Tout soldat porte dans sa giberne le bâton de maréchal.*[27] Sim, mas não deixe que ele seja percebido.

Se entrar em uma agência de publicidade ao se formar na Harvard Business School, esconda sua arrogância e continue estudando. Depois de um ano de tedioso treinamento, é provável que consiga se tornar assistente de executivo de contas, uma espécie de aspirante a oficial. Quando isso acontecer, se esforce para virar o homem mais bem-informado da agência sobre a conta que lhe designaram. Se é uma conta de gasolina, por exemplo, leia livros sobre química, geologia e distribuição de produtos de petróleo. Leia todos os jornais profissionais da área, leia todos os relatórios de pesquisa e planos de marketing que a agência já fez sobre o produto. Gaste as manhãs de sábado em postos de serviço, abastecendo automóveis e conversando com os motoristas. Visite refinarias e laboratórios de pesquisa do cliente. Estude a publicidade dos concorrentes. Ao fim do seu segundo ano, você saberá mais sobre gasolina do que seu chefe, e então estará preparado para sucedê-lo.

A maioria dos jovens empregados nas agências é muito preguiçosa para fazer esse tipo de dever de casa. Eles não passam da superfície dos assuntos.

---

27 "Todo soldado carrega um bastão de marechal em sua bolsa." *[N. do T.]*

Claude Hopkins atribuiu o próprio sucesso ao fato de trabalhar o dobro do número de horas dos outros redatores. Foi assim que subiu na carreira com o dobro da velocidade deles. Uma das melhores agências surgidas nos últimos quarenta anos deve sua supremacia ao fato de que o fundador vivia tão infeliz com a esposa que raramente saía do escritório antes da meia-noite. Em meus tempos de solteiro, eu costumava trabalhar até as primeiras horas da manhã. Se você prefere gastar todo o seu tempo disponível cultivando rosas ou brincando com seu filho, eu o admiro, mas não se queixe se não for promovido rapidamente. Os administradores promovem os homens que produzem mais.

Se o pessoal das agências de publicidade fosse pago por peça executada, os parasitas receberiam o que merecem, e os dínamos triunfariam ainda mais rápido do que acontece atualmente. Quando o Dr. William B. Shockley estudou a criatividade dos cientistas nos Laboratórios Bell, descobriu que aqueles que se situavam no quartil mais criativo registravam dez vezes mais patentes do que aqueles do quartil menos criativo, mas ganhavam apenas 50% a mais. Injusto? Sim, acho que sim.

Albert Lasker pagava aos redatores menos produtivos da Lord & Thomas cem dólares por semana e pagava a Claude Hopkins 50 mil dólares para cada milhão de dólares de publicidade que escrevia. Foi uma era de lucros para todos eles — Lasker, Hopkins e seus clientes.

*Confissões de um publicitário*

Atualmente é moda alegar que um indivíduo sozinho jamais é responsável por uma campanha publicitária bem-sucedida. Essa ênfase no "trabalho de equipe" é demagogia — uma conspiração da maioria medíocre. Nenhum anúncio, nenhum comercial, nenhuma imagem podem ser criados por um comitê. A maioria dos altos administradores sabe disso e mantém os olhos abertos para esses indivíduos raros, que põem ovos de ouro. Esses campeões já não podem ser remunerados hoje na proporção de Hopkins, mas são as únicas pessoas nas agências de publicidade livres da ameaça de demissão em tempos de escassez. Eles valem dinheiro.

A maior parte do trabalho feito em uma agência pode ser mera rotina. Se você o faz bem, terá um progresso gradual. Mas sua oportunidade de ouro chegará quando surgir uma grande ocasião. O truque é reconhecer a grande ocasião quando ela se apresenta.

Há alguns anos, a Lever Brothers pediu às suas sete agências que apresentassem um estudo sobre a política para o meio televisivo, que na época era muito novo. As outras agências prepararam estudos adequados, em cinco ou seis páginas, mas um jovem na minha equipe se deu ao trabalho de organizar toda a estatística disponível e, depois de trabalhar dia e noite por três semanas, surgiu com uma análise que cobriu 177 páginas. Seus colegas preguiçosos zombaram dele, chamando-o de trabalhador compulsivo — e um ano mais tarde ele foi eleito para o nosso *board* de diretores. As carreiras mais bem-sucedidas são construídas sobre incidentes isolados como esse. *Il faut épater les clients.*[28]

A maioria dos jovens competentes que chegam às agências, hoje em dia, está determinada a se tornar executivo de contas, porque aprenderam nas faculdades de administração que sua missão na vida é gerenciar e administrar, em vez de realizar trabalhos especializados. Escapa-lhes à atenção o fato de que os líderes das seis maiores agências do mundo foram todos *especialistas* antes de atingir o topo. Quatro deles foram redatores, um era da mídia e um da pesquisa. Nenhum deles jamais foi executivo de contas.

É muito mais difícil criar fama como executivo de contas do que como especialista, porque é raro que um executivo de contas tenha a oportunidade de se cobrir de glória; quase todos os triunfos espetaculares são realizados pelos especialistas. Portanto, aconselharia meu próprio filho a se especializar na mídia, na pesquisa ou na criação. Nesses departamentos, ele encontraria uma competição menos terrível e oportunidades mais frequentes para se destacar acima do trabalho rotineiro de manutenção, e adquiriria habilidade, que dá a um homem segurança — psicológica e financeira.

---

28 "Você deve impressionar os clientes." *[N. do T.]*

*Confissões de um publicitário*

Talvez alguns jovens sejam atraídos pela rotina de viagens e entretenimento que faz parte do trabalho do executivo de contas. Mas eles logo perceberão que almoçar em bons restaurantes não é prazeroso explicar uma queda na participação de mercado enquanto saboreia um suflê; e que percorrer o circuito de um mercado-teste pode ser um pesadelo, se um de seus filhos está no hospital.

Se meu filho ignorasse a recomendação que dei e se tornasse um executivo de contas, eu lhe ofereceria estes conselhos:

(1) Cedo ou tarde, um cliente vai lhe dar o "cartão vermelho", seja porque não gosta de você, ou porque você falhou com ele, ou porque atribui a você o que, na verdade, é uma falha de algum departamento da própria agência. Se isso acontecer, *não se desalente*! Eu conheço o presidente de uma agência que sobreviveu a três "cartões vermelhos" de três clientes no período de um ano.

(2) Você vai se apagar se nunca superar a função de mero canal de comunicação entre cliente e os departamentos da agência, como um garçom que fica no vaivém entre os cozinheiros e os clientes no salão de jantar. Esses executivos de contas são chamados "homens de contato". Não há dúvida de que executará essa função com elegância, mas espero que você veja

Como atingir o topo na carreira

o seu trabalho sob uma perspectiva mais ampla. Os bons executivos de contas adquirem a mais complicada de todas as habilitações, eles se tornam *homens de mercado.*

(3) Por mais que você trabalhe duro e por mais capacitado que se torne, não estará apto a representar sua agência nos níveis mais altos de clientes antes de chegar aos 35 anos. Um de meus companheiros deve a rapidez da sua ascensão ao fato de que se tornou careca antes dos 30, e outro teve a grande sorte de ficar grisalho aos 40. Seja paciente.

(4) Você jamais se tornará um executivo de contas sênior se não aprender a fazer *boas apresentações.* A maioria dos clientes será composta de grandes corporações e você deve se capacitar para vender planos e campanhas para seus comitês. Boas apresentações devem ser bem-escritas e bem-realizadas. Você pode aprender a escrevê-las bem estudando o trabalho dos seus mestres e se esforçando muito. Aprenda a realizá-las bem observando as técnicas dos profissionais — principalmente os apresentadores da Nielsen.

(5) Não cometa o erro habitual de considerar seus clientes simplórios hostis. Faça amizade com eles. Comporte-se como se estivesse na equipe deles. Compre ações da companhia deles. Tente não se envolver

## Confissões de um publicitário

com a política deles; seria uma pena perder uma conta só porque apostou no cavalo errado. Imite Talleyrand, que serviu a França por sete regimes, e o vigário de Bray: "Seja qual for o rei que venha a reinar, serei o vigário de Bray, senhor!"

(6) Em suas negociações do dia a dia com clientes e colegas, lute pelos reis, rainhas e bispos, mas sacrifique os peões. O hábito de ceder com *elegância* em questões triviais o tornará irresistível naquelas *raras* ocasiões em que precisará tomar uma posição e lutar por uma causa mais importante.

(7) Não discuta os negócios de seus clientes em elevadores e guarde correspondências confidenciais a sete chaves. A reputação de inconfidente *poderá arruiná-lo.*

(8) Quando quiser "plantar" uma ideia na mente de um redator ou de um diretor de pesquisa, faça-o em particular e com tato. A invasão de território alheio não é bem-vista na Madison Avenue.

(9) Se você tiver coragem de admitir seus erros para clientes e colegas, conquistará respeito. Sinceridade, objetividade e honestidade intelectual são um *sine qua non* para quem faz carreira na publicidade.

(10) Aprenda a escrever memorandos internos lúcidos. Lembre-se de que o pessoal sênior a quem eles

são endereçados tem mais trabalho em suas mesas — e em suas maletas — do que você. Quanto mais longos os memorandos, menos provável que sejam lidos pelos homens que têm o poder de decidir sobre o conteúdo destes. Em 1941, Winston Churchill mandou o seguinte memorando ao primeiro-lorde do Almirantado:

> Rogo-lhe que informe hoje, *numa face de uma folha de papel*, como a Marinha Real está sendo adaptada para atender às condições da guerra moderna. [O grifo é meu.]

Nunca se esqueça de que você é mais bem pago que os seus contemporâneos em outros negócios e profissões. Existem três razões para isso. Primeira, a demanda de publicitários capazes é maior do que a oferta. Segunda, os benefícios paralelos, ainda que substanciais, são menores do que os que você receberia no Exército ou na maioria das corporações industriais. Terceira, existe menor estabilidade no emprego na publicidade do que na maioria das outras profissões. Procure manter suas despesas abaixo de seus rendimentos, de forma que você possa sobreviver em um período de desemprego. Aproveite as opções que lhe sejam dadas de compra de ações de sua agência e invista em outras direções. A aposentadoria paga pelo seguro social é muito pequena para um publicitário com 65 anos de idade.

Cheguei à conclusão de que um dos mais reveladores sinais da capacidade de um jovem é o uso que faz de suas férias. Alguns jogam fora aquelas três semanas, enquanto outros extraem delas mais do que de todo o resto do ano. Ofereço esta receita para *férias regeneradoras*:

Não fique em casa dando voltas no mesmo lugar. Mude de cenário.

Leve sua esposa, mas deixe as crianças com o vizinho. Filhotes são uma chatice durante as férias.

Isole-se de qualquer contato com a publicidade.

Tome uma pílula para dormir por noite, nas primeiras três noites.

Respire ar fresco e faça muito exercício.

Leia um livro por dia — 21 livros em três semanas. (Presumo que você já tenha feito o curso de leitura dinâmica do Clube do Livro do Mês e que você possa ler mil palavras por minuto.)

Amplie seus horizontes indo para o exterior, mesmo que tenha que se hospedar em hotéis baratos. Mas não viaje tanto que acabe voltando de mau humor e exausto.

Os psiquiatras dizem que todo mundo deveria ter um *hobby*. O *hobby* que eu recomendo é a *publicidade*. Escolha um tema sobre o qual sua agência saiba muito pouco e se torne uma autoridade nele. Planeje escrever um bom artigo a cada ano e o publique na *Harvard Business Review*. Temas recompensadores: a psicologia dos preços no varejo; novas maneiras de estabelecer um orçamento ideal de publicidade; o uso da publicidade pelos políticos; obstáculos que impedem os anunciantes internacionais de usarem a mesma campanha pelo mundo afora; o conflito entre *reach* e *frequency* no planejamento de mídia. Uma vez que você tenha se tornado a autoridade máxima em qualquer desses assuntos enfadonhos, estará habilitado a emitir o próprio brevê.

Em suma, mergulhe de cabeça na área, mas tenha o cuidado de escolher a área certa. Uma vez, Sophie Tucker disse: "Fui rica e fui pobre; creia-me, querido, ser rica é melhor."

# XI

# A publicidade deveria ser abolida?

Há algum tempo, Lady Hendy, minha irmã mais velha, que é socialista, convidou-me a concordar com ela em que a publicidade deveria ser abolida. Achei difícil debater essa sugestão ameaçadora, porque não sou nem economista nem filósofo. Mas ao menos consegui demonstrar que as opiniões estão divididas sobre a questão.

O finado Aneurin Bevan achava que a publicidade era "uma obra nociva". Arnold Toynbee (de Winchester e Balliol) "não podia pensar em nenhuma circunstância em que a publicidade não fosse um mal". O professor Galbraith (Harvard) sustenta que a publicidade tenta as pessoas a desperdiçar di-

*Confissões de um publicitário*

nheiro em posses "não necessárias", quando deveriam gastá-lo em obras públicas.

Mas seria um erro assumir que todos os liberais compartilham a visão Bevan-Toynbee-Galbraith da publicidade. O presidente Franklin Roosevelt a percebia sob uma perspectiva diferente:

> Se eu estivesse começando minha vida de novo, preferiria ir para o negócio da publicidade a qualquer outro... A elevação geral dos padrões da civilização moderna em todos os grupos de pessoas, durante o último meio século, teria sido impossível sem a divulgação do conhecimento dos padrões mais altos por meio da publicidade.

Sir Winston Churchill concorda com o Sr. Roosevelt:

> A publicidade alimenta o poder de consumo do homem. Coloca diante dele o objetivo de uma casa melhor, de roupas melhores, de comida melhor para si e para a sua família. Estimula o esforço individual e a produção maior.

Praticamente todos os economistas sérios, seja qual for a linha política, concordam que a publicidade serve a um objetivo útil *quando é usada para dar informações sobre novos produtos.*

A publicidade deveria ser abolida?

O russo Anastas L. Mikoyan afirmou:

> A missão da nossa publicidade soviética é dar ao povo informações exatas sobre as mercadorias à venda, ajudar a criar novas demandas, a cultivar novos gostos e exigências, a promover a venda de novos tipos de mercadoria e explicar o seu uso ao consumidor. O objetivo primeiro da publicidade soviética é dar uma descrição verdadeira, exata, competente e excitante da natureza, qualidade e propriedade das mercadorias anunciadas.

O economista vitoriano Alfred Marshall também aprovava a publicidade "informativa" de novos produtos, mas condenava como sendo um desperdício o que ele chamava de publicidade "combativa". Walter Taplin, da London School of Economics, destaca que a análise da publicidade feita por Marshall "mostra sinais destes preconceitos e atitudes emocionais para com a publicidade, dos quais ninguém parece estar completamente livre, nem mesmo os economistas clássicos".

Na verdade, havia um traço de afetação em Marshall; seu mais ilustre aluno, Maynard Keynes, certa vez o descreveu como "uma pessoa absurda". O que Marshall escreveu sobre a publicidade foi adotado por muitos economistas depois dele e tornou-se doutrina ortodoxa garantir que a publicidade "combativa" — ou "persuasiva" — é um desperdício econômico. Será mesmo?

*Confissões de um publicitário*

Minha experiência sugere que o tipo de publicidade factual, informativa, que os cavalheiros endossam é mais efetiva em *termos de resultados de vendas* que a publicidade "combativa" ou "persuasiva" que eles condenam. O interesse comercial e a virtude acadêmica marcham lado a lado.

Se todos os anunciantes abandonassem a publicidade escandalosa e adotassem o tipo de publicidade informativa e factual que criei para a Rolls-Royce, a KLM Royal Dutch Airlines e a Shell, eles não só incrementariam suas vendas como ainda se incluiriam no grupo dos bons moços. Quanto mais informativa a publicidade, mais persuasiva ela será.

Em recente pesquisa entre formadores de opinião, a Hill & Knowlton perguntou: *Deveriam os anunciantes fornecer os fatos e somente os fatos?* O voto a favor dessa proposição austera foi surpreendentemente afirmativo.

|  | SIM |
|---|---|
| *Líderes religiosos* | 76% |
| *Editores de publicações eruditas* | 74% |
| *Administradores de escolas secundárias* | 74% |
| *Economistas* | 73% |
| *Sociólogos* | 62% |
| *Administradores públicos* | 45% |
| *Reitores de faculdades* | 33% |
| *Líderes empresariais* | 23% |

A publicidade deveria ser abolida?

Assim sendo, concluímos que a publicidade factual é muito mais amplamente percebida como Coisa Boa. Mas, quando se trata de publicidade "persuasiva", colocando uma marca estabelecida contra outra, a maioria dos economistas acompanha a opinião condenatória de Marshall. Rexford Tugwell, que conquistou minha admiração eterna por inspirar a renascença econômica de Porto Rico, condena o "enorme desperdício aplicado no esforço para tentar transferir vendas de uma empresa para outra". O mesmo dogma é exposto por Stuart Chase:

> A publicidade faz as pessoas pararem de comprar o sabão Mogg e começar a comprar o sabão Bogg. [...] Noventa por cento ou mais da publicidade é competitiva, discutindo sobre os méritos relativos de dois compostos químicos, na maioria das vezes indistinguíveis.

Pigou, Braithwaite, Baster, Warne, Fairchild, Morgan, Boulding e outros economistas dizem na essência a mesma coisa, muitos deles quase que com as mesmas palavras, à exceção de que deixam Mogg & Bogg para Stuart Chase, substituindo-os por Eureka & Excelsior, Tweedledum & Twedledee, Bumpo & Bango. Leia um deles e você terá lido todos.

*Confissões de um publicitário*

Vou revelar a esses presunçosos um segredo curioso. O tipo de publicidade combativa e persuasiva que eles condenam não é nem de longe tão *rentável* quanto o tipo de publicidade informativa que aprovam.

Minha experiência me ensinou que é relativamente fácil para a publicidade convencer os consumidores a experimentarem um *novo* produto, mas eles se tornam cada vez mais surdos à publicidade de produtos que já estão no mercado há muito tempo. Portanto, nós, publicitários, obtemos muito mais resultado anunciando novos produtos do que produtos antigos. Mais uma vez, a virtude acadêmica e o alto interesse comercial marcham lado a lado.

*A publicidade aumenta os preços?* Tem havido muita argumentação vazia de ambos os lados desta complicada questão. Pouquíssimos estudos sérios foram realizados sobre o efeito da publicidade sobre os preços. Contudo, o professor Neil Borden, de Harvard, examinou centenas de casos. Com o auxílio de um comitê consultivo de cinco outros professores notáveis, chegou a conclusões que deveriam ser mais profundamente estudadas por outros eruditos antes de darem palpites precipitados sobre os aspectos econômicos da publicidade. Por exemplo: "Em muitos segmentos, as operações em larga escala que se tornaram possíveis em parte graças à publicidade resultaram em reduções nos custos de produção." E "a construção de um mercado por meio da publicidade e

A publicidade deveria ser abolida?

de outros instrumentos promocionais não só torna as reduções de preço atrativas ou possíveis para grandes empresas, como também cria oportunidades para o desenvolvimento de marcas privadas, as quais em geral são oferecidas a preços menores".

E realmente elas o são; quando eu estiver morto e autopsiado, você não encontrará "Calais" escrito em meu coração, como Mary Tudor profetizou que seria encontrado no dela, e sim "Marcas Privadas". Elas são as inimigas naturais dos publicitários. Vinte por cento das vendas totais de secos e molhados são atualmente de marcas privadas, propriedade dos varejistas e não anunciadas com publicidade. Malditos parasitas!

O professor Borden e seus conselheiros chegaram à conclusão de que a publicidade, "embora, por certo, não seja livre de crítica, é um ativo econômico — e não um passivo".[29] Assim, eles concordam com Churchill e Roosevelt.

Entretanto, não apoiam todos os códigos da Madison Avenue. Descobriram, por exemplo, que a publicidade não proporciona informação suficiente para os consumidores. Minha experiência como profissional me leva a concordar.

Vale a pena ouvir o que os homens que aplicam enormes montantes do dinheiro de seus acionistas em publicidade têm

---

29 *The Economics of Advertising*, Richard D. Irwin (Chicago, 1942), p. 25-34.

*Confissões de um publicitário*

a dizer sobre o efeito dela nos preços. Eis a palavra de Lorde Heyworth, ex-presidente da Unilever:

> A publicidade [...] traz economia na sua esteira. Pelo lado da distribuição, acelera a rotação dos estoques, o que torna possíveis níveis menores de margens no varejo, sem reduzir a receita do varejista. Pelo lado do fabricante, é um dos fatores que torna possível a produção em larga escala. E quem será capaz de negar que a produção em larga escala leva a custos menores?

Essencialmente o mesmo foi dito há pouco tempo por Howard Morgens, presidente da Procter & Gamble.

> Frequentemente, em nossa empresa, temos observado que o início da publicidade de um novo tipo de produto resulta em economias consideravelmente maiores do que todo o custo de publicidade. [...] O uso da publicidade resulta claramente em preços mais baixos para o público.

Na maioria das indústrias, o custo da publicidade representa menos de 3% do que os consumidores pagam ao varejo. Mas, se a publicidade fosse abolida, você perderia muito mais nos paralelos do que aquilo que iria economizar nos descontos. Por exemplo, você teria que pagar uma fortuna pelo *New*

# A publicidade deveria ser abolida?

*York Times* de domingo, se ele não tivesse mais anúncios. Imagine como ele seria chato. Jefferson lia apenas um jornal, "e mais pelos anúncios do que pelas notícias". Muitas donas de casa diriam o mesmo.

*A publicidade encoraja o monopólio?* O professor Borden descobriu que "em alguns ramos a publicidade contribuiu para a concentração da demanda, e por isso tem sido um fator favorável à concentração dos suprimentos nas mãos de algumas empresas dominantes". Mas concluiu que a publicidade não é uma causa básica do monopólio. Outros economistas proclamaram que a publicidade contribui para o monopólio. Concordo com eles. Está se tornando cada vez mais difícil para pequenas empresas lançar novas marcas. O custo do ingresso, em termos da publicidade, é tão grande hoje em dia que só os gigantes já entrincheirados, com enormes orçamentos de guerra, podem suportar. Se não acredita em mim, tente lançar uma nova marca de detergente com um "fundo de batalha" de menos de 10 milhões de dólares.

Além disso, os anunciantes gigantes podem comprar espaço muito mais barato que os competidores pequenos, porque os donos da mídia os afagam com altos descontos, que. Esses descontos encorajam os grandes anunciantes a comprarem os pequenos; eles podem fazer a mesma publicidade a um preço 25% menor e embolsar a economia. *A publicidade corrompe editores?* Sim, ela o faz, mas a um número menor

*Confissões de um publicitário*

de editores do que se pode supor. Certa vez, o editor de uma revista se queixou para mim, e com justa indignação, de que tinha concedido a um de meus clientes cinco páginas de matéria editorial e recebido em troca apenas duas páginas de publicidade. Mas a vasta maioria dos editores é incorruptível.

Harold Ross odiava publicidade e chegou a sugerir a seu editor que todos os anúncios da *The New Yorker* deveriam ser postos em uma única página. Seu sucessor demonstra o mesmo tipo de esnobismo acadêmico e não perde oportunidade para menosprezar o que ele chama de "propagandistas". Há pouco tempo, publicou um ataque jocoso a duas campanhas minhas, sublimemente indiferente ao fato de que eu cobri 1.173 páginas de sua revista com anúncios extraordinariamente decorativos. Me incomoda, como uma demonstração de maus modos, que uma revista aceite um dos meus anúncios e depois o ataque editorialmente — como convidar uma pessoa para jantar e depois cuspir no seu olho.

Com frequência, me sinto tentado a punir editores que insultam meus clientes. Quando um de nossos anúncios para a Feira Britânica das Indústrias foi inserido em uma edição do *Chicago Tribune* que publicava uma horrível diatribe do coronel McCormick contra a Grã-Bretanha, pensei em cancelar a campanha naquele jornal. Se o fizesse, teria aberto um rombo em nossa cobertura no Meio-Oeste e talvez tivesse provocado um grande falatório a respeito da pressão da publicidade sobre os editores.

238

A publicidade deveria ser abolida?

*Pode a publicidade impingir um produto inferior ao consumidor?* Amarga experiência me ensinou que não. Nas raras ocasiões em que anunciei produtos cujos testes de consumo revelaram serem eles inferiores a outros na mesma categoria, os resultados foram desastrosos. Se me esforçar muito, sou capaz de escrever um anúncio que convencerá os consumidores a comprarem um produto inferior, *mas só uma vez* — e a maioria dos meus clientes depende de compras repetidas para obter lucro. Phineas T. Barnum foi o primeiro a observar que "você pode anunciar um artigo vagabundo e induzir muitas pessoas a comprarem-no uma vez, mas pouco a pouco elas vão denunciá-lo como impostor". Alfred Politz e Howard Morgens acreditam que a publicidade pode de fato acelerar, nessa situação, a extinção de um produto. Diz Morgan: "A maneira mais rápida de liquidar uma marca de qualidade inferior é promovê-la agressivamente. O público descobrirá sua qualidade inferior também mais rapidamente."

Ele acrescenta que a publicidade adquiriu um papel significativo no desenvolvimento dos produtos:

O pessoal de pesquisa, é claro, está sempre investigando maneiras de melhorar aquilo que compramos. Mas, creia, um grande volume do incitamento, das provocações e das sugestões para essa melhora também provém do lado publicitário do negócio. Isso

*Confissões de um publicitário*

acontece porque o sucesso da publicidade de uma companhia está intimamente ligado ao sucesso de suas atividades de desenvolvimento de produtos. [...] A publicidade e a pesquisa científica vêm trabalhando de mãos dadas em uma escala vasta e surpreendentemente produtiva. O beneficiário direto é o consumidor, que desfruta de uma seleção cada vez mais ampla de melhores produtos e serviços.

Em mais de uma ocasião, colaborei para persuadir clientes a não lançar um novo produto antes que pudessem desenvolver algo comprovadamente superior aos já existentes no mercado.

A publicidade também ajuda a sustentar os padrões de qualidade e serviço. Escreve Sir Frederick Hooper, da Schweppes:

> A publicidade é uma garantia de qualidade. Uma empresa que gastou uma soma substancial promovendo os méritos de um produto e habituando o consumidor a esperar um padrão ao mesmo tempo alto e uniforme não ousará depois reduzir a qualidade desse produto. Às vezes, o público é ingênuo, mas não a ponto de continuar comprando um produto evidentemente inferior.

A publicidade deveria ser abolida?

Quando começamos a anunciar a KLM Royal Dutch Airlines como "pontual" e "confiável", sua alta administração emitiu um documento interno recomendando o pessoal de operação a se adequar à promessa feita na publicidade.

Pode-se dizer que uma boa agência de publicidade representa os interesses do consumidor no foro da indústria.

*A publicidade é um amontoado de mentiras?* Não mais. O temor de se envolver em disputa com a Federal Trade Commission, que discute casos pela imprensa, é tão grande hoje que um dos nossos clientes me advertiu que, se algum dia um de seus comerciais fosse citado no FTC por desonestidade, ele levaria imediatamente a sua conta para outra agência. O advogado da General Foods requereu que os nossos redatores *provassem* que o molho para churrasco Open-Pit tinha um sabor "ao estilo antigo", antes de nos dar licença para fazer essa afirmação inofensiva nos anúncios. O consumidor está mais bem protegido do que imagina.

Nem sempre consigo me manter a par das regras mutantes estabelecidas pelas várias entidades que regulam a publicidade. O governo canadense, por exemplo, aplica um conjunto de regras para a publicidade de medicamentos populares, e o governo estadunidense, um totalmente diferente. Nos Estados Unidos, alguns estados proíbem que se mencione o preço de uísques em anúncios, enquanto outros insistem em que se publique; o que é proibido em um estado é obrigatório em outro. Só me resta, então, me abrigar na regra que sempre governou minha produção: jamais escreva um anúncio que você não desejaria que a sua própria família visse.

Dorothy Sayers, que redigia anúncios antes de se tornar escritora de romances policiais e panfletos anglo-católicos, afirma: "Mentiras claras são perigosas. As únicas armas permissíveis são a *suggestio falsi* e a *suppressio veri*." Eu me confesso culpado de um ato de *suggestio falsi* — aquilo que nós, na Madison Avenue, chamamos de "liberdade". Entretanto, dois anos mais tarde, um químico resgatou minha consciência, descobrindo que aquilo que eu tinha falsamente sugerido era verdade verdadeira.

Devo confessar que sou culpado de *suppressio veri* com frequência. Você concorda que seria exigir demais pretender que o anunciante descrevesse os pontos fracos do próprio produto? Devemos ser perdoados por exibirmos as nossas melhores qualidades.

*A publicidade faz as pessoas quererem comprar produtos de que não necessitam?* Se você acha que as pessoas não precisam de desodorante, sinta-se livre para criticar a publicidade por ter persuadido 87% das mulheres e 66% dos homens estadunidenses a usá-lo. Se acha que as pessoas não precisam de cerveja, está certo em criticar a publicidade por ter persuadido 58% da população adulta a bebê-la. Se desaprova a mobilidade social, o conforto das pessoas e as viagens ao exterior, está certo ao condenar a publicidade por encorajar essas ninharias. Se não gosta da sociedade afluente, tem o direito de culpar a publicidade por incitar as massas a procurá-la.

Se pertence a essa categoria de puritanos, não tenho como argumentar com você. Só posso chamá-lo de "psicomasoquista". Como o arcebispo Leighton, eu rezo: "Livrai-me, ó Senhor, dos erros dos homens sábios, sim, e dos erros dos homens bons."

O velho John Burns, o pai do movimento trabalhista na Inglaterra, dizia que a tragédia das classes trabalhadoras era a pobreza de seus desejos. Não peço desculpas por incitar as classes trabalhadoras a desejar vidas menos espartanas.

*Deve a publicidade ser usada na política?* Acho que não. Nos últimos anos, tornou-se moda os partidos políticos usarem agências de publicidade. Em 1952, meu velho amigo Rosser Reeves fez a campanha do general Eisenhower como se ele fosse um tubo de creme dental. Criou cinquenta comerciais nos quais o general simulava a leitura de respostas de próprio punho a uma série de pretensas perguntas de cidadãos imaginários. Como esta:

*Cidadão*: Sr. Eisenhower, o que o senhor tem a dizer a respeito do alto custo de vida?

*General*: Minha mulher, Mamie, se preocupa com a mesma coisa. Eu digo a ela que é nossa missão mudar isso em 4 de novembro.

*Confissões de um publicitário*

Durante as filmagens, ouviram o general dizer: "E pensar que um velho soldado chegaria a isto!"

Sempre que minha agência é convidada para fazer publicidade para um político ou para um partido, recusamos o convite, por estas razões:

(1) Usar a publicidade para vender estadistas é o cúmulo da vulgaridade.

(2) Se anunciássemos um democrata, estaríamos sendo injustos com nosso pessoal republicano, e vice-versa.

No entanto, estimulo meus colegas a cumprirem seu dever político trabalhando para um dos partidos — como indivíduos. Se um partido ou um candidato precisa de serviços técnicos de publicidade, tais como a compra de tempo em emissoras de televisão para a transmissão de comícios políticos, ele pode usar especialistas voluntários, reunidos em um consórcio *ad hoc.*

*Deve a publicidade ser usada em boas causas de natureza não política?* Nós, publicitários, colhemos humilde satisfação pelo trabalho que fazemos por boas causas. Assim como os cirurgiões devotam boa parte do seu tempo operando gratuitamente pessoas sem condições, nós devotamos boa parte do nosso tempo criando campanhas para clientes *pro bono*, sem

## A publicidade deveria ser abolida?

remuneração. Por exemplo, a minha agência criou a primeira campanha para a Rádio Europa Livre, e nos últimos anos criamos campanhas para a Sociedade do Câncer nos Estados Unidos, o Comitê dos Estados Unidos para as Nações Unidas, o Comitê de Cidadãos para Manter Limpa a Cidade de Nova York, e o Lincoln Center para Artes Performáticas.

Os serviços profissionais que doamos para essas causas nos custaram cerca de 250 mil dólares, o que é equivalente ao nosso lucro em um faturamento de 12 milhões de dólares.

Em 1959, John D. Rockefeller III e Clarence Francis me pediram para aumentar o conhecimento público do Lincoln Center que à época estava em fase de planejamento. Uma pesquisa revelou que apenas 25% da população adulta de Nova York tinha ouvido falar no Lincoln Center. Quando a campanha terminou, um ano depois, 67% tinham ouvido sobre o Lincoln Center. Ao apresentar os planos para essa campanha, afirmei:

> Os homens que conceberam o Lincoln Center, e particularmente as grandes fundações que contribuíram para a construção dele, ficariam consternadas se o povo de Nova York ficasse pensando que o Lincoln Center é uma exclusividade das classes superiores. É importante, então, criar a imagem correta: o Lincoln Center é *para todos*.

*Confissões de um publicitário*

Pesquisa realizada na conclusão da campanha demonstrou que esse democrático objetivo foi alcançado. Certas afirmações foram apresentadas, e os entrevistados foram convidados a dizer com quais delas concordavam. Aqui estão os seus votos:

| | |
|---|---|
| *Provavelmente a maior parte das pessoas que vivem em Nova York e em seus subúrbios visitará o Lincoln Center uma vez ou outra* | 76% |
| *O Lincoln Center é só para as pessoas ricas* | 4% |

A maioria das campanhas para causas nobres recebe a contribuição de uma agência voluntária, mas, no caso do Lincoln Center, a BBDO, a Young & Rubicam e a Benton & Bowles se apresentaram voluntariamente para trabalhar conosco, um quarteto notável e harmonioso. Os comerciais de televisão foram feitos pela BBDO, e as emissoras de Nova York doaram tempo no valor de 600 mil dólares para transmiti-los. Os comerciais de rádio foram feitos pela Benton & Bowles, e as emissoras de rádio doaram 100 mil dólares de tempo para transmiti-los. Os anúncios impressos foram feitos pela Young & Rubicam e por nós; *Reader's Digest, The New Yorker, Newsweek* e *Cue* os publicaram gratuitamente.

Quando nos apresentamos voluntariamente para fazer a campanha "Mantenha Nova York Limpa", as ruas classificadas

# A publicidade deveria ser abolida?

como limpas já haviam subido de 56% para 85%. Concluí que aqueles que continuavam sujando deveriam pertencer a um grupo de bárbaros irresponsáveis que jamais seriam civilizados por slogans amistosos como este da agência anterior: "Ponha o seu voto aqui, por uma Nova York mais limpa."

Uma pesquisa revelou que a maioria dos nova-iorquinos não sabia que poderia ser multada em 25 dólares por jogar lixo no chão. Então, desenvolvemos uma *campanha dura*, advertindo os porcalhões de que poderiam ser levados a um tribunal. Ao mesmo tempo, persuadimos o Departamento Sanitário de Nova York a recrutar um esquadrão volante de homens uniformizados para patrulhar as ruas em motocicletas em busca dos infratores. Jornais e revistas deram uma quantidade inédita de espaço para a publicação de nossos anúncios, e nos primeiros três meses os canais de televisão de Nova York e as emissoras de rádio nos deram 1.105 comerciais. Em quatro meses, 39.004 intimações foram expedidas e os magistrados cumpriram seu dever.

*A publicidade é um aborrecimento vulgar?* C. A. R. Crosland esbraveja na *The New Statesman* que a publicidade é "vulgar, estridente e ofensiva. Ela induz a um cinismo decisivo e à corrupção, tanto nos seus profissionais quanto na audiência, devido à constante mistura de verdades e mentiras".

Este, acredito, é atualmente o principal ponto de acusação contra a publicidade entre as pessoas cultas. Ludwig von

*Confissões de um publicitário*

Mises descreve a publicidade como "estridente, barulhenta, grosseira, bajuladora". Ele condena o público por não exigir uma publicidade honrada. Tendo a condenar os anunciantes e as agências, inclusive a mim mesmo. Devo confessar que sou um mau julgador daquilo que possa chocar o público. Duas vezes produzi anúncios que para mim pareciam inocentes, e que acabaram acusados de indecência. Um foi para as camisas Lady Hathaway, mostrando uma bela mulher em calça de veludo, sentada em uma cadeira, fumando um longo charuto. Minha outra transgressão foi um comercial de televisão em que esfregávamos o desodorante Ban no sovaco de uma estátua grega. Em ambos os casos, o simbolismo, que me escapara, inflamou as almas mais lascivas.

Sinto-me menos ofendido pela obscenidade do que pela composição tipográfica de mau gosto, pelas fotos banais, pelos textos relaxados e pelos jingles baratos. É fácil evitar esses horrores quando surgem nas revistas e nos jornais, mas é impossível escapar deles na televisão. Fico enfurecido, à beira da violência, com a interrupção dos programas pelos comerciais. Os proprietários das emissoras de televisão são tão gananciosos que não podem resistir a essas invasivas afrontas à dignidade humana? Eles interrompem até a cerimônia de posse de presidentes e a coroação de monarcas.

Como profissional, sei que a televisão é o mais poderoso meio de publicidade já criado. Eu ganho a maior parte do

A publicidade deveria ser abolida?

meu dinheiro com ela. Mas, como cidadão, eu pagaria alegremente pelo privilégio de assisti-la sem intervalos comerciais. Moralmente, eu me encontro entre o mar e o rochedo.

Foi a publicidade pela televisão que tornou a Madison Avenue o arquissímbolo do materialismo de mau gosto. Se os governos não criarem logo instrumentos para a regulamentação da televisão, temo que a maioria dos homens inteligentes concordará com Toynbee, para quem "o destino de nossa civilização ocidental depende do resultado de nossa luta contra tudo o que a Madison Avenue preconiza". Tenho um interesse firmado na sobrevivência da Madison Avenue, mas duvido que ela possa sobreviver sem uma drástica reforma.

A Hill & Knowlton informa que a grande maioria dos formadores de opinião, atualmente, acredita que a publicidade promove valores demasiadamente materialistas. O perigo para o meu ganha-pão vem do fato de que aquilo que os tais formadores pensam hoje a maioria dos eleitores provavelmente pensará amanhã.

Não, minha querida irmã, a publicidade não deve ser abolida. Mas deve ser reformada.

# Sobre o autor

David Ogilvy nasceu na Inglaterra em 1911. Formado em Christ Church, Oxford, começou sua carreira como cozinheiro aprendiz no Hotel Majestic, em Paris. Andou vendendo fogões na Escócia e trabalhou no Serviço Secreto Britânico, antes de emigrar para os Estados Unidos, onde foi fazendeiro, pesquisador e, em 1948, fundou a agência de publicidade hoje conhecida como Ogilvy & Mather. Atualmente, a agência tem 15 mil empregados e cerca de 500 escritórios em 125 países. A revista *Time* o chamou de "o mago mais procurado no negócio da publicidade".

David faleceu em sua residência no Castelo de Touffou, na França, em 21 de julho de 1999.

Este livro foi composto na tipografia Adobe Garamond,
em corpo 13/19, e impresso em
papel off-white no Sistema Cameron da
Divisão Gráfica da Distribuidora Record.